오스왈드 챔버스의 거룩과 성화

Our Brilliant Heritage:
Grow Up into Him and As He Walked
Oswald Chambers

© 1965 by Oswald Chambers Publications Association Limited
All rights reserved.
Published by special arrangement with Discovery House Publishers,
3000 Kraft Avenue SE, Grand Rapids, Michigan 49512 USA.

Korean translation copyright © 2016 by Togijangi Publishing House
2F, 71-1 Donggyo-ro. Mapogu, Seoul 04018, Republic of Korea

This Korean edition is published by arrangement with Discovery House Publishers
(3000 Kraft Avenue SE, Grand Rapids, Michigan 49512 USA.)

본 저작물의 한국어판 저작권은 Discovery House Publishers 와의 독점 계약으로
한국어 판권을 '도서출판 토기장이'가 소유합니다. 저작권법에 의하여 한국 내에서
보호를 받는 저작물이므로 무단 전재와 무단 복제를 금합니다

특별한 표기가 없는 모든 성경 구절은 개역개정성경을 인용한 것입니다.

## 오스왈드 챔버스의 거룩과 성화

**오스왈드 챔버스** 지음 • 스데반 황 옮김

토기장이

## 차례

### 1부 우리의 찬란한 유산: 거룩

1장 • 거룩의 비밀　　　　　　　　　　　09
2장 • 거룩의 신비를 누리는 믿음　　　　21
3장 • 새로운 피조물　　　　　　　　　　30
4장 • 성도의 기업　　　　　　　　　　　42

### 2부 성화: 그리스도인의 습관

5장 • 결단하라　　　　　　　　　　　　57
6장 • 사랑하라　　　　　　　　　　　　66
7장 • 자기 자신을 장례하라　　　　　　76
8장 • 선한 양심을 가지라　　　　　　　82
9장 • 힘든 상황을 피하지 말라　　　　 90
10장 • 불굴의 삶을 살라　　　　　　　 98
11장 • 영적 부요함을 누리라　　　　　108

## 3부 성화의 삶을 살아가라: 그리스도인의 체험

12장 • 구하라 찾으라 두드리라     121
13장 • 옛 삶을 떠나보내라     128
14장 • 예수께 나아와 쉼을 얻으라     136
15장 • 지금 바로 행하라     144
16장 • 죄가 주장하지 못하게 하라     151
17장 • 아버지의 온전하심 같이 온전하라     160
18장 • 오직 예수 안에 거하라     169
19장 • 배우고 확신한 일에 거하라     177
20장 • 경건을 연습하라     183


역자 후기

# 1부

## 우리의 찬란한 유산
## : 거룩

# 거룩의 비밀

"크도다 경건의 비밀이여, 그렇지 않다 하는 이 없도다 그는 육신으로 나타난 바 되시고 영으로 의롭다 하심을 받으시고 천사들에게 보이시고 만국에서 전파되시고 세상에서 믿은 바 되시고 영광 가운데서 올려지셨느니라"(딤전 3:16).

'비밀'이라는 단어는 성도의 삶에 입문한 모두에게 의미 있는 말이다. 우리가 거룩에 대한 복음의 비밀을 이해하고 그것을 충분히 체험하기 위해서는 먼저 거듭나야 하기 때문이다. 나는 로버트 머레이 맥체인(Robert Murray McCheyne, 1813-1843: 스코틀랜드 목사. 그의 짧고 강렬했던 삶은 스코틀랜드에 큰 영향을 끼쳤음-역주)의 말을 마음 깊은 곳에 새겨 놓고 있다. 그는 이렇게 말했다.

"내 양들을 위해 내게 가장 필요한 것은 내 인격적 거룩함이다."

사역자들이여, 당신도 양들을 위해 이렇게 선포하라!
"내 양들을 위해 내게 가장 필요한 것은 내 인격적 거룩함이다."
선생들이여, 학생들을 위해 이렇게 선포하라!
"주일학교 학생들을 위해 내게 가장 필요한 것은 내 인격적 거룩함이다."

당신은 거듭났는가? 그렇다면 거룩함과 관련해서는 어떠한가? 주님께서는 "나무는 각각 그 열매로 아나니"(눅 6:44)라고 말씀하셨다. 내가 거듭났는지 그렇지 않은지는 '내 마음의 소원'을 보면 알 수 있다. 당신은 다른 어떤 것보다 거룩함을 사모하는가? 당신의 동기, 당신의 마음, 당신의 삶, 당신 안에 있는 모든 것이 하나님이 원하시는 만큼 순결해지기를 원하는가? 만약 그렇다면, 이는 당신이 성도의 삶에 입문해 있다는 강력한 증거이다. 즉, 지금 당신은 거룩으로 들어가기에 충분할 만큼 그 비밀을 이해할 수 있는 자리에 가 있다는 것이다.

**거룩을 향한 갈망(desire)을 일깨우다**

"오직 마음을 새롭게 함으로 변화를 받아"(롬 12:2).

거듭나면 우리는 하나님처럼 거룩해지기를 원하게 되고, 예수 그리스도를 온전히 닮기 위해 성령으로 충만해지기를 갈망하게 된다. 이러한 깊은 갈망은 거듭난 모든 성도의 마음 안에서 강하게 생겨난다.

바울은 모든 거듭난 자들에게 하나님의 비밀을 말한다. 그 이유는 그들에게는 하나님의 영이 있으므로 그 비밀을 이해할 수 있기 때문이다. 우리는 이러한 갈망이 자신 안에도 있는지 살펴보아야 한다.

거룩함을 향해 나아가는 성도들은 은혜의 처음 역사 가운데 거룩의 첫 열매를 지닌 자들이다. 그들은 모두 예수 그리스도의 속죄를 통하여 하나님과 바른 관계를 맺은 자들이고, 거룩함을 향한 목마름과 배고픔이 있는 자들이며 하나님의 모든 뜻을 행하기를 갈망하는 자들이다.

당신은 거룩함을 원하는가? 당신의 가장 간절한 소원은 하나님을 향해 있는가? 당신은 죄 사함 받고 성령님을 모시고 살아가는가? 당신은 빛 가운데 행하는 법을 배우고 있으며 성령의 능력으로 승리하고 있는가? 당신은 하나님의 뜻을 행할 힘이 당신에게 있음을 깨닫고 있는가? 무엇보다 당신은 하나님과 화목한가?

성령으로 거듭난 자들마다 이러한 것들을 체험한다. 그들은 이제 거룩함의 비밀을 이해할 수 있으며, 하나님께서 허락하시면 그 비밀을 체험할 수 있는 자리로 들어갈 수 있다. 간혹 이렇게 말하는 성도들이 있다.

"제게는 거룩을 향한 갈망이 있어요. 그래서 이것저것을 하면서 거룩해지기 위해 애쓰고 있어요."

그러나 거룩함의 비밀은 이러한 식으로 얻어지는 것이 아니다. 이것은 하나님의 방법이 아니다. 죄는 물리쳐야 하는 것이고, 성령으로 거듭나는 것은 내면의 사건이다. 거룩함은 은혜 안에서 예수 그리스도의 완전하신 모든 성품을 향하여 세워지는 것이다.

또 어떤 성도들은 이렇게 말한다.

"글쎄요, 노력도 해 보고 여러 가지 시도도 해 보고 기도도 해 보았는데요. 제 오른 눈을 빼고 제 오른손을 찍어 내버린다는 게(마 5:29-30) 너무 어려워요. 그래서 제가 내린 결론은 '나는 하나님으로부터 이 위대한 복을 받을 자격이 없다'는 거예요. 아무래도 전 거룩해질 수 있는 그러한 특별한 부류의 사람이 아닌 것 같아요."

많은 이들이 이런 식으로 한쪽으로 치우쳐 자신들은 거룩함과는 거리가 멀다고 생각하곤 한다. 그러나 그들이 실패하는 이유는 하나님의 방법 대신 자기 자신의 방법으로 거룩을 이루려고 하기 때문이다. 때론 금식, 기도, 고행을 통해 거룩을 이루려는 사람들도 있다. 그들 역시 하나님께서 '지정하시지 않은 방법'으로 비밀을 꿰뚫어 보려고 시도하는 자들이다.

혹 당신도 이러한 방법들 중에 하나로 거룩함을 이루려고 시도하고 있진 않은가? 구원은 하나님의 주권적인 은혜의 역사이다. 그러나 거룩함에는 차이가 있다. 하나님께서는 그분의 영으로 당신의 그릇된 시도를 조용히 저지하시며 "예수는 하나님으로부터 나와서 우리에게 … 거룩함과 구원함이 되셨다"(고전 1:30)고 알려 주신다. 이 교훈은 거룩함의 비밀에 대한 가장 위대한 첫 번째 교훈이다.

### 거룩은 '모방'이 아니다

거룩함은 우리에게 알려 주신 하나님의 뜻을 이루도록 요구하는 것이 아니다. 그보다 훨씬 더 무한하다. 예수 그리스도 안에는 완전한 거룩, 완전한 인내, 완전한 사랑, 완전한 능력이 있는데, 거룩함이란 그리스도 안에서 이 모든 것이 우리의 것이 됨을 의미한다. 히브리서 기자는 시험 당할 때에 예수님을 본받으라고 말하지 않는다. 대신 "예수님께 나아가라. 그러면 그분께서 당신을 구원하실 것이다"라고 말한다. 다시 말해 "시험을 이기는 주의 완전하신 능력이 그리스도 안에서 우리의 것이 된다"는 의미이다(히 2:18 참조).

예를 들어, 시험을 당할 때에 우리는 기도로 이겨 내려고 마음을 모으는 대신, 하나님의 은혜의 능력으로 예수 그리스도의 완전하심이 우리 안에 나타나도록 해야 한다. 이것은 예수님께서 보여 주신 인내를 똑같이 나타내도록 능력을 주신다는 의미가 아니라, 주의 생명이 우리 안에 거하면 그분의 인내가 자연스레 나타나는 것을 말한다. 많은 성도들이 성화의 과정에서 '예수 그리스도로부터 거룩한 능력을 얻어내야 한다'고 생각하는데, 주님이 우리 안에 거하시면 의식하지 않아도 거룩이 나타나게 되어 있다. 이것이 거룩함의 비밀이다.

앞에서 말했듯이 거룩함은 능력을 받아 천천히 꾸준하게 이루어 내는 것이 아니다. 오직 우리 안에 있는 그분의 거룩이 우리의 거룩함의 근원이다. 우리는 바울이 고린도전서 1장 30절에서 "너희는 하나님으로부터 나서 그리스도 예수 안에 있고 예수는 하나님으로부터 나와서 우리에게 … 거룩함과 구원함이 되셨으니"라고 말한 것을 체험적으로 이해하게 될 때에야 비로소 거룩함이 무엇인지 깨닫게 된다.

바울은 거룩함에 대해 말할 때마다 '모방'이 아니라 '수여'라고 말한다. 예수 그리스도는 모방의 본으로 계신 것이 아니다. 거룩함은 결코 모방이 아니다! 그리스도께서 우리 안에 계시는 것, 즉 그리스도를 닮은 삶이 모방되는 것이 아니라 그리스도 그분이 우리 안에 오시는 것이다. 예수 그리스도 안에서는 모든 것이 완전하다. 거룩함의 비밀은 우리가 예수 그리스도의 거룩을 '수여'받는다는 사실이다. 만약 거룩함의 비밀에 입문했다면 예수 그리스도의 모든 완전함이 우리의 것이 될 수 있다.

사람들이 왜 이 비밀이 기쁨이 되고 가장 놀라운 일이 되는지 설명할 수 없는 것은 당연하다. 또한 거룩함의 비밀은 어느 곳에서나 역사하기 때문에 어디서나 거룩함을 보게 되는 것도 당연하다.

### 교제를 나누게 되다

"우리가 그에게 가서 거처를 그와 함께 하리라"(요 14:23).

예수님은 '아버지'와 '아들'의 관계는 '아버지'와 '아들'과 거룩하여진 영혼들 사이의 관계로 이어진다고 말씀하신다. 당신은 그 사이에 다른 '어떤 것'도 언급하지 말라! 우리의 영혼이 스스로 곁으로 빠지지만 않는다면 다른 어떤 것도 그 사이에 낄 수 없다. 우리의 영혼이 예수님에 대한 모든 것을 믿는다면, 그분의 생명, 믿음, 거룩이 우리에게 수여될 것이다.

우리 주 예수 그리스도께서 이 땅에 계실 때, 하나님 아버지와 어떻게 교제를 나누셨는지 생각해 보라.

"항상 내 말을 들으시는 줄을 내가 알았나이다"(요 11:42).
"나는 항상 그가 기뻐하시는 일을 행하므로"(요 8:29).

예수님은 단순히 우리에게 모범을 보여 주신 것이 아니다. 여기에는 훨씬 무한한 의미가 담겨 있다. 바로 이러한 교제가 거룩함에 의해 우리의 것이 된다는 뜻이다. 예수님은 이렇게 말씀하셨다.

"그 날에 너희가 내 이름으로 구할 것이요 내가 너희를 위하여 아버지께 구하겠다 하는 말이 아니니 이는 너희가 나를 사랑하고 또 내가 하나님께로부터 온 줄 믿었으므로 아버지께서 친히 너희를 사랑하심이라"(요 16:26-27).

여기에서 "그 날"은 어떤 날인가? 그 날은 바로 우리가 하나님 아버지와 연합하여 교제하는 날이요, 예수님의 모든 완전하심이 우리의 것이 되는 날이다. 따라서 이때 우리는 바울처럼 "내가 사는 것이 아니라 오직 내 안에 그리스도께서 사시는 것이라"(갈 2:20)고 고백할 수 있게 된다.

거듭난 자들이 거룩을 향해 목말라할 때, 그들은 이미 소유한 유산을 누리기 위해 과감하게 발을 내딛게 될 것이며 예수님의 완전한 것들이 하나님의 주권에 의해 선물로 주어진다는 사실을 경험하게 될 것이다.

**연합을 이루다**

"나는 포도나무요 너희는 가지라"(요 15:5).
"주와 합하는 자는 한 영이니라"(고전 6:17).

신약 성경은 이러한 연합에 대해 상세하게 다루고 있다. 성령께서는 거듭난 사람들에게 거룩함이 얼마나 엄청난 것인지 알려 주신다.

예수님의 완전하신 능력은 하나님의 은혜로 우리의 것이 된다. 이는 하나님께서 주를 본받도록 우리에게 능력을 주시는 것이 아니라 자기 자신을 주신다는 의미이다. 이것이 당신과 나를 위한 거룩함이 의미하는 바이다. 당신은 이 의미가 잘 받아들여지는가? 당신은 거룩함이 결국 무엇에 달려 있다고 생각하는가? 그렇다. 바로 '믿음'에 달려 있다. 만일 우리가 거듭났다면 예수 그리스도에 대해 조금도 의심하지 않고 그분을 향한 절대적인 신뢰를 가질 것이다. 그러나 이 믿음을 위해 더욱 예수님께 나아가야 할 것이다.

당신은 거룩함이 무엇인지 성령께서 알려 주시도록 하는가? 또한 거룩함을 체험하기 위해 성령께서 당신을 이끄시도록 하는가? 만일 그렇다면 그 길을 따르는 것은 고통스럽지 않고 도리어 "그 길은 즐거운 길이요 그의 지름길은 다 평강"(잠 3:17)이라는 것을 발견하게 될 것이다.

### 성육신의 신비

"이러므로 나실 바 거룩한 이는 하나님의 아들이라 일컬어지리라" (눅 1:35).

세 가지 큰 신비가 있다. 첫째는 아버지와 아들과 성령의 삼위 하나님의 신비이고, 둘째는 하나님이자 이 땅에 사람으로 오신 예수 그리스도의 신비이고, 셋째는 주님의 속죄의 사역으로 말미암아 죄인이 그리스도의 형상으로 빚어지는 신비이다.

당신은 사도 바울의 교훈에서 주님의 죽음이 어떻게 설명되고, 또 어떻게 하나님의 영에 의해 적용되는지 주목해 본 적이 있는가? 예를 들어 "그러므로 우리가 그의 죽으심과 합하여 세례를 받음으로 그와 함께 장사되었나니 이는 아버지의 영광으로 말미암아 그리스도를 죽은 자 가운데서 살리심과 같이 우리로 또한 새 생명 가운데서 행하게 하려 함이라"(롬 6:4)는 말씀은 주님의 죽음이 의미하는 모든 것이 우리의 삶에서도 체험될 수 있다는 뜻이다. 우리는 그리스도께서 사셨던 삶을 그대로 살기 위해 예수님의 죽음과 일치되는 과정을 경험할 수 있다. 예수 그리스도는 우리에게 우리 안에 있는 '옛 사람'을 죽일 수 있는 능력을 주시는 것이 아니다. "우리의 옛 사람이 예수와 함께 십자가에 못 박힌 것"(롬 6:6)이다. 우리는 주의 죽음과 일치될 수 있으며 이것이 사실이라는 것을 안다. 우리는 단지 하나님 앞에 죄 없는 상태로만 서게 되는 것이 아니라 우리 주의 죽음과 일치됨으로써 모든 죄의 세력 및 그 영향력으로부터 벗어나게 된다.

하나님께서는 결코 우리로부터 '죄를 범할 수 있는 권한'을 제거하지 않으시기에 우리는 언제라도 죄를 범할 수 있다. 요한일서에서 요한은 "만일 누가 죄를 범하여도"(요일 2:1)라는 표현을 하는데, 이는 그의 생각에 성도가 죄를 범하는 것은 희귀한 것임을 보여 준다. 반면, 우리의 태도는 성도가 빛 가운데 거하는 것이 희귀한 일인 것처럼 보이게 한다!

"또 함께 일으키사 그리스도 예수 안에서 함께 하늘에 앉히시니"(엡 2:6).

여기서 보면 '그리스도 예수처럼'이라고 하지 않고 "그리스도 예수 안에서"라고 말하고 있는 것을 알 수 있다. 예수님의 삶 가운데 주관하셨던 성령께서 지금 우리를 다스리고 계신다. 그 결과는 무엇인가? 로마서 8장 10절을 읽어 보자.

"또 그리스도께서 너희 안에 계시면 몸은 죄로 말미암아 죽은 것이나 영은 의로 말미암아 살아 있는 것이니라."

세례 요한은 예수님에 대해 "그는 성령과 불로 너희에게 세례를 베푸실 것이요"(마 3:11)라고 말했다. 성육신 하신 놀라운 '생명'에 역사하셨던 하나님의 영은 우리에게 세례를 베푸시는데, 예수님과 비슷한 생명을 갖게 하시는 것이 아니라 그분과 똑같은 생명을 갖게 하신다. 즉, 우리는 예수님의 거룩을 부여받는다.

거룩은 우리가 그리스도 안에서 이루어 내는 어떤 것이 아니라 그리스도 안에 있는 것이며 주께서는 우리가 그리스도 안에 거하는

한 우리를 통해 거룩을 나타내실 것이다. 이 사실은 거룩함의 초기 단계에서 왜 종종 성도들에게 그리스도와 닮은 놀라운 삶과 인내가 나타나는지를 설명해 준다. 예수님의 삶 가운데 나타났던 모든 것은 성령의 역사로 인한 것이었다. 예수님은 승천하심과 함께 성령을 보내주셨다. 우리는 예수님을 모방할 수 있는 위치에 놓인 것이 아니라 성령 세례로 예수님의 생명 그 자체와 연결된 것이다.

당신은 거룩함을 갈망하고 있는가? 당신은 예수님을 신뢰함으로써 어린아이처럼 이렇게 기도할 수 있는가?

"아버지여, 예수님의 이름으로 성령과 불로 제게 세례를 베풀어 주소서. 그래서 거룩함이 제 삶 속에 실현되게 하소서!"

# 2장

# 거룩의 신비를 누리는 믿음

"모든 성도 중에 지극히 작은 자보다 더 작은 나에게 이 은혜를 주신 것은 측량할 수 없는 그리스도의 풍성함을 이방인에게 전하게 하시고"(엡 3:8).

"하나님이 그들로 하여금 이 비밀의 영광이 이방인 가운데 얼마나 풍성한지를 알게 하려 하심이라 이 비밀은 너희 안에 계신 그리스도시니 곧 영광의 소망이니라"(골 1:27).

거룩함의 신비는 예수 그리스도의 완전한 것들이 우리에게 '수여'되었다는 사실이다. 이때 그 수여는 점차적으로 진행되는 것이 아니라 우리가 믿음으로 "그리스도께서 나의 거룩함이 되셨다"라고 고백할 때 이뤄진다. 거룩함은 예수 그리스도의 거룩이 분명하게 우리의 것이 되는 것을 의미한다. 믿음은 말로 다할 수 없는 이 비밀이 우리 삶 가운데 역사하도록 우리가 사용할 수 있는 도구이다. 그리고 이를 위해서는 두 개의 '수단'이 필요한데, 하나는 하나님의 은혜의 '복음'이요, 다른 하나는 예수 그리스도의 거룩의 생명과 자유함, 능력과 기이함이 우리 안에서 역사하는 것을 가능하게 하는 '믿음'이다.

### 믿음과 거룩함

거듭나면 마음 가장 깊은 곳에서부터 예수 그리스도처럼 거룩해지고픈 열망이 생겨난다. 믿음으로 구원의 첫 단계를 취하였듯 그 다음 단계도 믿음으로 취하게 된다.

거룩한 삶의 놀라운 비밀은 예수님을 모방하는 것이 아니라 예수님의 완전하심이 우리의 죽을 육체 안에서 나타나는 것이다. 당신은 이 사실을 믿는가? 맨 처음 예수님께서 당신을 구원하시도록 믿었듯이 그때와 똑같은 진실한 신뢰와 의탁함으로 이 사실을 믿는가? 이를 믿는 방법은 먼저 '듣는 것'이다.

> "그러므로 믿음은 들음에서 나며 들음은 그리스도의 말씀으로 말미암았느니라"(롬 10:17).

당신은 들었는가? 영적인 귀로 "당신 안에 계신 그리스도"라는 놀라운 말을 들어보았는가? 만일 당신이 거듭났다면 다른 어떤 말보다 이 말을 더욱 간절히 열정적으로 듣기를 원할 것이다. 하나님께서는 우리를 초청하셔서 예수님이 하나님과 하나이신 것처럼 우리도 예수님과 하나가 될 수 있음을 믿으라고 하신다. 그리고 그렇게 믿을 때에 예수님의 인내, 거룩, 순결, 자비, 기도의 충만함이 우리의 것이 된다고 하신다.

믿음의 은사가 우리 안에 역사하여 실제가 되게 하는 방법은 들음에 의해서이다. 우리는 먼저 듣고 난 후에 신뢰하기 시작한다. 그런데 이것이 너무 간단해서 대부분의 사람들이 이 방법을 놓친다. 하나님의 은혜의 복음을 믿음으로 취하기 위해서는 먼저 복음을 들어야 한다. 그러나 주위를 둘러보라. 우리 중에 몇이나 하나님의 은혜의 복음에 영적인 귀를 가까이 대고 있는가?

증언하는 자의 권위를 믿고 그 증언에 동의하는 것은 믿음의 지각적인 면이다. 우리는 예수님께서 이러저러한 말씀을 하시기 때문에 그분을 믿는다고 말하지만, 성경이 말하는 믿음은 이보다 훨씬 더 깊다. 믿음은 거룩함이 나타나는 수단이다. 즉, 우리의 이해를 가능하게 하는 수단일 뿐 아니라 하나님의 생명이 우리에게 '주입'되게 하는 수단이기도 하다.

바울은 로마서 3장 24-25절에서 예수님의 보혈을 믿는 믿음에 대해 언급한다. 하나님의 영이 사용하시는 도구는 믿음이다. 믿음은 지각의 반응보다 훨씬 더 깊은 것으로, 예수 그리스도의 삶과 죽음, 부활을 통해 제시되는 하나님의 은혜의 복음에 우리의 존재 자체를 완전하고 열정적이고 간절하게 의탁하는 것이다.

### 예수님을 향한 철저한 믿음

만약 우리가 하나님의 교훈을 모른다면, 예수 그리스도가 아니면 아무 소망이 없음을 깨닫지 못할 것이다.

나는 사탄에게 미혹을 받았던 적이 있는데, 그때 내 마음의 상태가 어떠한지 잘 알게 되었다. 나는 내 죄성이 얼마나 지독한지에 대해 알게 되었고, 그러기에 더욱더 예수와 그분의 보혈과 의를 전할 수밖에 없게 되었다. 하나님의 영으로 거듭난 자는 누구나 주 예수 그리스도 외에는 그 어떤 사람도 선하지 않다는 것을 알게 된다. 거룩함은 믿음이라는 도구를 수단으로 하여 주어지는 하나님의 직접적인 선물이다. 이때 믿음은 반신반의하는 믿음이 아니라 가장 간절하고 진실한 인격적인 믿음이다.

거룩함의 비밀은 '당신 안에 있는 그리스도'이다. 혹 당신은 예수 그리스도와 상관없는 거룩함에 대한 간증을 듣고 있는가? 거룩함을 통해 우리에게 부여되는 것은 주의 놀라운 '생명'이다. 이 생명은 믿음에 의해 부여된다. 만약 이것저것을 행함으로써 거룩함에 이룰 수 있다고 여긴다면 결코 주의 놀라운 생명이 부여되지 않을 것이다. 우리는 오직 한 가지만 붙들어야 하는데 그것은 바로 믿음이다. 우리의 삶은 늘 믿음의 삶이어야 한다.

거룩함을 체험하는 자들은 예수님의 거룩이 하나님의 은혜로 말미암는 주권적인 선물로 부여된다는 사실을 안다. 거룩은 수고해서 얻는 것도, 기도로 끌어내오는 것도 아니다. 감사하게도 우리는 '주의 보혈'을 믿음으로써 거룩을 취할 수 있다.

하나님과 바른 관계를 맺으면 이후에 믿음의 시련을 겪게 되는데 이는 귀한 것이다(벧전 1:7 참조). 사탄은 거룩함이 오직 하나님을 향한 믿음에 의해서만 이루어진다는 사실을 믿지 못하게 만든다. 그래서 "너는 거룩함을 위해 이것이 있어야 하고, 또한 저것을 해야 해"라고 거짓말을 한다.

하나님의 영은 우리가 예수님을 믿는 길에 서게 하시고, 예수 그리스도의 완전한 것들이 우리 삶 가운데 그대로 나타나도록 끊임없이 우리의 믿음을 시험하신다.

### 예수님과의 하나 됨

하나님께서는 우리가 마음에 바라는 것들을 주실 것이라고 말씀하신다. 그렇다면 당신의 바람은 무엇인가? 이 땅에서 무엇을 가장 바라는가? 만일 당신이 거듭났다면 그 바람은 다름 아닌 거룩, 곧 예수님의 거룩을 향한 굶주림과 목마름일 것이다. 주께서는 이러한 굶주림과 목마름을 채워주실 것이다.

"내 살을 먹고 내 피를 마시는 자는 영생을 가졌고"(요 6:54).

예수님께서는 음식을 먹고 그것을 소화시키는 것처럼 우리가 그분을 우리 영혼 안으로 취하여야 한다고 말씀하신다. 믿음은 식탁 위에 있는 음식과 음료를 보기만 하는 것이 아니라 취하는 것이다. 하나님의 영으로 예수님이 우리에게 실제가 되시면 그분의 임재는 모든 것을 자연스럽게 만든다.

당신은 하나님의 선물을 얻기 위해 어떤 노력을 하고 있는가? 사실 아무것도 할 필요가 없다. 단지 그 선물을 받기만 하면 된다. 만일 뭔가를 수고해서 받아야 한다고 생각한다면, 당신은 그것을 결코 선물로 여기지 않게 될 것이다. 우리는 무언가를 받을 자격이 없다는 것을 분명히 알게 될 때에야 비로소 그것을 선물로 여기게 될 것이다. 우리는 자신 안에 선한 것이 전혀 없음을 깨닫고, 자신에 대해 철저하게 무가치한 의식을 가지고 하나님께 나아가야 한다. 만일 내가 거룩해진다면 이는 하나님의 주권적인 은혜에 의해서만 가능한 것이다.

이것이 바로 복음이다. 우리는 복음을 믿음으로 받는다. 하나님의 영은 믿음의 단순한 행위를 하나님의 초자연적인 역사로 만드신다. 물론 복음을 알지 못하는 자들에게 이 말은 매우 어리석게 들릴 것이다. 그러나 복음 안에 있는 자들에게는 이 얼마나 놀라운 말인가!

우리가 철저한 신뢰 가운데 믿음의 도구를 내미는 즉시, 하나님의 영은 우리에게 예수 그리스도의 거룩을 부여해 주시고 그에 따른 모든 것을 허락해 주신다. 우리는 바로 이 선상에서 살아가고 있다. 순종은 우리가 하나님의 뜻을 행하려는 간절한 바람을 보여 주는 수단이다. 우리는 은혜로 하나님과 화목하게 되었고, 이후로부터는 우리의 죽을 육체를 통해 예수 그리스도의 생명을 드러내기 시작한다.

만약 당신이 거룩함을 전혀 체험하지 못했다면 생각해 보라. 예수 그리스도의 완전하신 모든 것이 전부 당신의 것이 되었다! 주께서는 당신을 통해 그분의 사랑과 순결함, 거룩함을 나타내신다.

"내가 사는 것이 아니라 오직 내 안에 그리스도께서 사시는 것이라"(갈 2:20).

이는 '예수님처럼 살 수 있는 능력'을 의미하는 것이 아니라 '내 안에 사시는 그리스도'를 의미한다. 또한 나타나는 것은 그분의 생명이고, 그 생명은 우리가 오직 믿음으로 빛 가운데 행할 때에야 비로소 나타나는 것이다.

바울의 다음 고백은 무엇을 말하는가?

"나의 자녀들아 너희 속에 그리스도의 형상을 이루기까지 다시 너희를 위하여 해산하는 수고를 하노니"(갈 4:19).

"우리는 그가 만드신 바라 그리스도 예수 안에서 선한 일을 위하여 지으심을 받은 자니"(엡 2:10).

우리 중에 몇이나 하나님의 은혜의 위대한 복음을 전적으로 신뢰하는 가운데 하나님의 얼굴을 뵈면서 "주여, 제 안에 있는 거룩함이 주의 말씀 안에 계시된 거룩함처럼 실제가 되게 하소서"라고 믿음으로 기도하는가? 당신은 기꺼이 주께서 그 일을 하시도록 하겠는가? 그렇다면 다른 것을 의지하지 말고 오직 주만 신뢰해야 한다.

예수 그리스도는 우리가 그분 안에서 새로운 피조물이 될 때까지, 그리고 '모든 것이 하나님께 속할 때까지' 주의 놀라운 생명으로 우리를 새롭게 지으신다. 그 새 생명은 우리가 옛 생명으로 살았듯이 자연스럽게 나타난다. 그래서 매우 드물게 의식된다. 그것은 무한하게 깊은 생명이다.

우리는 위기를 당하면 어떻게 해야 할지 몰라 처음에는 망설이며 주저한다. 그러다가 우리 안에 부여된 예수 그리스도의 완전한 것들이 그 어려움을 대하는 것을 발견하게 되면서 천천히, 그러나 확실하게 하나님의 능력에 의해 보호받는 형언할 수 없는 안정감을 느끼게 된다. 그리고 거룩한 삶을 살기 시작하게 된다. 따라서 사도 바울이 "그 날에 그가 강림하사 그의 성도들에게서 영광을 받으시고 모든 믿는 자들에게서 놀랍게 여김을 얻으시리니"(살후 1:10)라고 말한 것은 당연한 것이다!

혹시 당신은 하나님의 은혜의 복음에 대해 아직도 의심하고 있는가? 만약 의심하지 않는다면 단순한 믿음을 가지고 "하나님, 성경에서 들려주는 거룩함이 제 것이 되게 하소서. 주님과 제가 하나 될 때까지 예수 그리스도의 헤아릴 수 없는 부요함이 제 것이 되게 하소서"라고 고백하며 앞으로 나아가라.

주님과 당신의 하나 됨은 의식되는 것이 아니다. 그러나 모든 상황 가운데 예수 그리스도의 완전한 것이 당신에게 주어져 있는 것을 발견하게 될 것이다. 그것도 당신의 배후에서가 아니라 바로 당신 안에 말이다!

## 3장

# 새로운 피조물

"그런즉 누구든지 그리스도 안에 있으면 새로운 피조물이라 이전 것은 지나갔으니 보라 새것이 되었도다 모든 것이 하나님께로서 났으며 그가 그리스도로 말미암아 우리를 자기와 화목하게 하시고 또 우리에게 화목하게 하는 직분을 주셨으니"(고후 5:17-18).

앞에서 살펴본 것처럼 거룩함은, 하나님께서 우리에게 새로운 삶을 살도록 새 영을 주시고 삶의 본으로 우리 앞에 예수 그리스도를 두신 후에 "네 최선을 다하라. 그리하면 내가 너를 도우리라"고 말씀하시는 것이 아니다. 거룩함은 하나님께서 우리에게 예수 그리스도의 완전한 것들을 부여하시는 것을 말한다. 여기서 '예수님의 완전한 것들'은 예수님의 본을 따를 수 있도록 하는 어떤 삶의 원칙이 아니라, 예수님이 이 땅에 사시는 동안 나타내셨던 '그분의 거룩'을 의미한다.

## 창조의 근본이신 예수 그리스도

"만물이 그에게서 창조되되 하늘과 땅에서 보이는 것들과 보이지 않는 것들과 혹은 왕권들이나 주권들이나 통치자들이나 권세들이나 만물이 다 그로 말미암고 그를 위하여 창조되었고"(골 1:16).
"라오디게아 교회의 사자에게 편지하라 아멘이시요 충성되고 참된 증인이시요 하나님의 창조의 근본이신 이가 이르시되"(계 3:14).

위 구절들은 영원한 아들을 통해 세상 만물을 창조하셨음을 계시하는 수많은 구절 가운데 뽑은 구절이다. 어떤 사람은 요한계시록 말씀을 보면서 '아들'은 전능하신 하나님의 첫 번째 피조물이었다고 말하기도 한다. 그러나 성경은 결코 그렇게 말하지 않는다. 성경은 "그가 만물보다 먼저 계시고 만물이 그 안에 함께 섰느니라"(골 1:17)고 예수 그리스도를 소개한다.

### 예수 그리스도 안에서의 창조

"만물이 그로 말미암아 지은 바 되었으니 지은 것이 하나도 그가 없이는 된 것이 없느니라 그 안에 생명이 있었으니 이 생명은 사람들의 빛이라"(요 1:3-4).

우리는 하나님이 창조하신 그분의 자녀이다. 하지만 단순히 창조 때문에 그분의 아들딸이 된 것은 아니다. 오직 예수 그리스도를 영접한 자만이 그분의 자녀가 된다(요 1:12 참조). 성경에 나오는 예수님의 부성(fatherhood)에 대한 기록은 희귀하나 분명히 계시되어 있다. 이사야서 9장에 나오는 "영존하시는 아버지"(사 9:6)라는 표현은 하나님의 아들, 예수님을 가리키는 것이다. 바울은 아덴 사람들과 대화할 때 우리가 '하나님의 소생'(행 17:29)이라고 말한다. 그런데 예수 그리스도 안에 있는 창조의 권능은 하나님께서 그분을 통해 세상을 창조하셨을 때보다 더 놀라운 방법으로 갖추어져 있다. 이는 그리스도께서 자신 안에 그 권능을 갖고 계시면서 자기 자신과 같은 형상을 창조하실 수 있기 때문이다.

성경은, 만물은 아들로 말미암아 지은 바 되었고 그 아들 안에 생명이 있다고 말한다(요 1:3-4 참조). 그러므로 하나님께서 아들을 통해 세상을 지으셨듯이 아들은 누구에게든지 그분 자신의 형상을 창조하실 수 있다.

"그런즉 누구든지 그리스도 안에 있으면 새로운 피조물이라"(고후 5:17).

당신은 이 놀라운 사실을 충분히 깨달아 알고 있는가?

"내가 네게 거듭나야 하겠다 하는 말을 놀랍게 여기지 말라"(요 3:7).

거듭남과 거룩함의 가장 은혜롭고 충만한 의미는 그리스도 예수 안에서 우리가 새로운 피조물이 될 수 있다는 사실이다. 거룩함은 새로운 시작을 나타내는 것도, 우리의 죄가 사하여졌다는 선포도 아니다. 이것은 형용할 수 없는 엄청난 사건으로 예수 그리스도께서 자신 안에 있는 하나님의 형상을 우리 안에 창조하실 능력이 있다는 사실이다.

바울은 "나의 자녀들아 너희 속에 그리스도의 형상을 이루기까지 다시 너희를 위하여 해산하는 수고를 하노니"(갈 4:19)라고 말한다. 그는 영혼육의 모든 마디가 다 쑤시는 해산의 수고를 우리 속에 그리스도의 형상을 이루기까지 하였다. 또한 그는 "너희 마음이 그리스도를 향하는 진실함과 깨끗함에서 떠나 부패할까 두려워하노라"(고후 11:3)라고 말한다. "누가 철학과 헛된 속임수로 너희를 사로잡을까 주의하라"(골 2:8)라고도 말한다. 우리는 이미 믿음의 선상에서 이 문제를 다루었다. 우리는 철저한 신뢰 가운데 예수 그리스도를 영접해야 하고, 또한 그분께서 그분의 일을 우리 안에서 행하시도록 해야 한다.

'그리스도 안에서의 창조'는 예수 그리스도께서 우리 안에 그분의 형상을 창조하실 수 있다는 의미이다. 이는 단지 우리를 재창조하시는 것을 의미하지 않는다. 아담은 우리가 예수 그리스도 안에서 얻은 것을 전혀 가져 보지 못했다. 아담은 죄가 없는 순전한 상태로 지어졌지만 '실패'했다. 예수 그리스도는 아담 안에는 없었던 것, 즉 그분의 형상을 우리 안에 창조하신다.

"예수는 하나님으로부터 나와서 우리에게 지혜와 의로움과 거룩함과 구원함이 되셨으니"(고전 1:30).

다음은 오랫동안 불러온 복음적인 찬송이다.

"나의 소망은 오직 예수님의 보혈과 의에 있네."

### 예수 그리스도의 형상으로

"주께서 그러하심과 같이 우리도 이 세상에서 그러하니라"(요일 4:17).

하나님의 자녀인 우리는 이 구절을 경외함 가운데 대해야 한다. 왜냐하면 예수 그리스도의 형상, 성품, 거룩이 창조주의 주권에 의해 우리의 것이 되었기 때문이다. 거룩함은 사람의 언어로 다 표현할 수 없는 '신비한 연합'으로 들어가는 것을 의미한다(요일 3:2 참조). 우리에게 부여된 것은 예수 그리스도의 거룩으로 기도나 순종이나 훈련에 의해 생겨난 것이 아닌 예수 그리스도에 의해 우리 안에 창조되는 것이다. 그러므로 예수 그리스도께서 보좌에 앉으시는 것이 마땅하다! 성령이 그분을 영화롭게 하실 것이라고 말씀하신 것도 당연하다!

당신은 예수님을 모방하고자 하는 뜻을 품고 있는가, 아니면 하나님의 뜻이 당신 안에 실현될 때까지 당신을 주께 내어드리겠는가? 바울은 "하나님이 우리를 통하여 너희를 권면하시는 것 같이"(고후 5:20) 간절히 권한다고 말한다. 우리는 하나님의 뜻이 무엇인지 깨닫고 경이로움 가운데 예배하는 마음을 취하는 것도 중요하지만 "하나님의 뜻이 우리 안에 실현되기를 원합니다"라고 기도드리는 것 역시 중요하다.

"하나님! 주께서 저를 지으셨으니 저는 주님의 것입니다. 그리고 구속을 통해 예수 그리스도의 것이 되었습니다. 저는 주님의 뜻이 제 안에서 이뤄지기를 원합니다."

"그런즉 누구든지 그리스도 안에 있으면 새로운 피조물이라"(고후 5:17).

여기서 "누구든지"는 우리 모두를 가리킨다. 주님은 결코 개인주의를 가르치신 적이 없다. 그러나 각 개인의 소중함에 대해서는 가르치셨다. 개인주의와 우리 각각의 소중함은 전혀 다른 것이다. 바울은 평범한 사람들도 그리스도 예수 안에서 새로운 피조물이 될 수 있다고 말한다. 따라서 그 누구라도 그분 안에 속할 수 있다! 당신은 바울이 말하는 그리스도 안에 있는 "누구든지"에 속하도록 하나님께 자신을 내어드리겠는가? 당신은 하나님의 창조물이다. 그렇다면 예수 그리스도께서 그분의 '선한 창조'를 당신 안에서 이루시도록 하라.

예수 그리스도는 우리에게 '독창적인 성품'을 갖게 하지 않으신다. 그분은 우리의 성품이 그분 자신과 같게 하신다. 성령께서는 사람들이 성도를 향해서 "와, 멋지고 독창적인 특이한 성품이다!"라고 말하지 못할 것이라고 하신다. 성도는 "하나님께서 이 형편없는 사람들을 취하여 예수 그리스도의 형상으로 변화시켰으니 얼마나 놀라운 일인가!"라는 말을 들어야 한다.

오늘날 우리는 하나님의 말씀을 너무 쉽게 대한다. 바울은 놀라움 가운데 계시를 대했지만 지금 우리는 어떠한가? 거룩함은 '내 안에 계신 그리스도'께서 '나를 그리스도처럼 지으시는 것'임을 잊지 말자. 그리스도께서 거룩하시니 우리 역시 그러하다.

### '이전 것'이란

"이전 것은 지나갔으니"(고후 5:17).

바울이 "이전 것"이라고 할 때 그 의미는 죄나 '옛사람'만을 의미하지 않는다. 그것은 우리가 영으로 그리스도에 의해 재창조되기 이전의 자연인으로서의 삶 전체를 의미한다. 즉, 우리 중에 몇몇 사람들이 의미하는 것보다 훨씬 더 큰 의미를 지닌다. 뿐만 아니라 "이전 것"은 그릇된 것들만을 의미하지 않고 옳은 것들도 의미한다. 어떤 어리석은 자라도 스스로 그릇된 것을 내려놓을 수 있다.

예수 그리스도의 삶을 살펴보면 "이전 것"이 무엇을 의미하는지 발견할 수 있다. 주님은 우리처럼 자연적인 삶을 사셨다. 주님이 음식을 드신 것은 죄가 아니었다. 그러나 40일간 광야에 계셨던 기간에 음식을 드셨다면 그것은 죄가 되었을 것이다. 그 이유는 그 기간 동안 예수님을 향한 하늘 아버지의 뜻은 예수님이 음식을 먹지 않는 것이었기 때문이다. 그리스도께서는 그 기간 동안 자신의 자연적인 삶을 하나님의 뜻에 따라 희생시키셨다. 이것이 "이전 것"이 지나가는 방법이다.

바울은 "이전 것"을 설명하기 위해 고린도후서에서 모세가 지녔던 영광을 예로 들고 있다. 모세는 직접 눈으로 영광을 보았다. 그러나 그것은 사라질 영광이었다(고후 3:7). 히브리서 기자는 사라질 수밖에 없는 언약에 대해 기록한다(히 8:13). 사람의 자연적인 생명은 예수 그리스도를 믿음으로써 영적인 생명으로 승화되어야 했다. 바울이 쓴 로마서 서신을 주목하라.

"(그러나) 너희가 육신에 있지 아니하고 영에 있나니"(롬 8:9).

바울이 이 구절에서 말하는 "육신"은 육체가 없는 영혼을 의미하는 것이 아니라 육체와 피가 있는 사람을 의미한다. 즉, "당신은 예수 그리스도로 인하여 모든 것을 다르게 보게 되었다"라고 말하고 있는 것이다. 또한 "(그러나) 이제는 너희가 하나님을 안다"(갈 4:9)라고 말하고 있는 것이다. 하나님은 우리에게 주께로 돌아오는 길을 허락하셨다. 우리가 언제든지 주께로 돌아가면 우리 마음에 덮힌 수건이 벗겨질 것이며 주의 영이 계신 곳에서 자유를 맛보게 될 것이다(고후 3:16–17).

## '새것'이란

"보라 새것이 되었도다"(고후 5:17).

거룩함을 체험한 자들은 "이전 것이 지나간" 것과 모든 것이 "새것"이 된 것을 깨닫고 거룩한 삶을 사는 법을 배워나간다. 그들은 다음과 같이 간증한다.

"하나님께서 제 세계관을 바꾸어 주셨습니다. 이전에는 사람의 생각이 중요했지만 지금은 전혀 중요하지 않습니다."

이전 것은 지나갔다! 죄와 과거의 성향이 지나갔을 뿐 아니라 과거의 모든 가치관이 변했다.

"보라, (모든 것이) 새것이 되었도다"(고후 5:17).

바울은 우리에게 놀라운 생각을 할 수 있도록 돕는다.

"그런즉 누구든지 그리스도 안에 있으면 새로운 피조물이라"(고후 5:17).

어떤 사람들은 거룩함에 대해 말할 때, 마치 책이나 신문기사에 나오는 내용을 말하는 것처럼 한다. 하지만 바울과 함께 거룩함에 대해 배운다면 매번 놀라게 될 것이다. 바울은 거룩함에 대해 언급할 때마다 경이로움에 휩싸였다.

이제 당신은 하나님의 방법대로 행하기를 원하는가? 주께서 당신 안에 그분의 일을 이루시게 하겠는가? 그렇다면 이전 것은 지나가게 하라. 자기 연민에 빠지게 하는 상황에 맞닥뜨리더라도 이전 것은 지나갔음을 기억하라. 당신은 예수 그리스도께 영향을 미치지 못한 것들이 당신에게도 아무 영향을 끼치지 못하게 하겠는가? 그렇게 할 때, 당신은 예수 그리스도의 완전한 것들이 그분의 창조의 주권에 의해 당신의 것이 되는 것을 보게 될 것이다.

바울은 "그리스도의 헤아릴 수 없는 부요함"이라는 표현을 사용했다. 계시의 놀라움이 그의 표현 능력조차 초월한 것이다. 그러나 거룩해지지 않은 사람들은 그를 미쳤다고 생각했다. 사도 요한 역시 그의 서신에서 죄 없는 삶의 가능성에 대해 희미하게나마 표현했다 (요일 3:9, 5:18 참조). 그러나 사람들은 그를 조롱했다. 그들은 결코 거룩함이라는 놀라운 체험을 하지 못했던 것이다. 그러나 감사하게도 거룩함은 '누구에게나' 열려 있다.

### 가장 참된 삶이란

"모든 것이 하나님께로서 났으며"(고후 5:18).

"너희는 하나님을 본받는 자가 되고"(엡 5:1).

우리는 어떤 선한 원칙이 아닌 "하나님을 본받는 자"가 되어야 한다. 즉, "하늘에 계신 너희 아버지의 온전하심과 같이 온전"해야 한다 (마 5:48). 하나님은 거룩함에 의해 우리를 그분의 아들의 형상으로 지으신다.

당신은 생명의 빛을 따라 행하겠는가? 그렇다면 결코 핑계를 대거나 좌로나 우로 치우치지 말라. 살아가면서 하나님께서 주신 이 놀라운 선물에 집중하라.

"예수는 하나님으로부터 나와서 우리에게 지혜와 의로움과 거룩함과 구원함이 되셨으니"(고전 1:30).

# 4장

# 성도의 기업

"우리로 하여금 빛 가운데서 성도의 기업의 부분을 얻기에 합당하게 하신 아버지께 감사하게 하시기를 원하노라"(골 1:12).

거룩함은 주 예수 그리스도와 그분의 인내, 청결, 거룩이 우리에게 수여된 것을 의미한다. 그것은 예수 그리스도께서 우리가 그분을 닮도록 힘을 주시는 것도 아니며, 하나님의 능력이 임하여 우리가 실패 속에서도 최선을 다하는 것을 의미하지도 않는다. 거룩함은 바로 예수 그리스도의 덕이 우리의 죽을 육체를 통해 나타나는 것이다.

### 빛을 믿으라

"빛 가운데서 성도의 기업"(골 1:12).

하나님의 책인 성경은 얼마나 자주 하나님, 예수 그리스도, 성령, 나아가 성도들을 빛이라고 언급하는가! 하나님께서는 우리를 거룩하게 함으로써 주께서 거하시는 빛, 우리 주 예수께서 행하셨던 빛 가운데 두신다.

"이 생명은 사람들의 빛이라"(요 1:4).

빛 가운데서 성도의 기업이 의미하는 것은 우리가 우리의 죽을 육체를 통해 주 예수 그리스도의 생명을 나타낸다는 뜻이다.

"나를 따르는 자는 어둠에 다니지 아니하고 생명의 빛을 얻으리라"(요 8:12).

당신이 캄캄한 밤에 황무지를 걷고 있다고 가정해 보라. 길이 있는 것을 알아도 어디로 가야 할지 몰라 헤맬 것이다. 그때 달이 구름을 뚫고 잠시 나타나 언덕을 똑바로 가로지르는 길을 보여 주고 사라져 또다시 캄캄해졌다고 가정해 보라. 그러면 이제 당신은 잠시나마 그 길을 보았기에 어떤 길로 가야 할지를 알고 그 길로 갈 것이다. 우리는 살면서 이러한 경험을 할 때가 종종 있다. 길이 있는 줄은 알지만 그 길을 보지 못한다. 하지만 빛이 있으면 우리는 길을 볼 수 있다. 그러면 다시 어둠이 오더라도 과감하게 발을 내딛을 수 있다. 때로 그 빛은 새벽의 달빛처럼, 겁을 주는 번개처럼 나타나기도 한다.

"너희에게 아직 빛이 있을 동안에 빛을 믿으라 그리하면 빛의 아들이 되리라"(요 12:36).

당신은 그 빛을 믿는가? 예수 그리스도의 얼굴에 있는 하나님의 광채가 당신에게 임하였던 때를 기억하는가? 그때 당신은 주께서 원하시는 것이 무엇인지를 분명하고 정확하게 본 후 그 빛을 따라 걸어갔을 것이다. 그런데 지금은 어떠한가? "하늘에서 보이신 것을 내가 거스르지 아니하였다"(행 26:19 참조)라고 자신 있게 말할 수 있는가? 많은 사람들이 빛을 통해 황무지를 가로지르는 길을 본다. 하지만 그 길로 가려 하지 않고 오히려 이렇게 말한다.

"그래요, 저는 하나님의 영을 받았어요. 그런데 그 영을 받으면 이러저러할 줄 생각했는데 전혀 그렇지 않더군요."

이렇게 말하는 이유는 그 빛을 믿지 않기 때문이다.

"아직 빛이 있을 동안에 빛을 믿으라"(요 12:36).

빛을 믿으면 "나를 따르는 자는 어둠에 다니지 아니하고 생명의 빛을 얻으리라"(요 8:12)는 주의 말씀이 진리임을 천천히 그러나 매우 분명히 발견하게 될 것이다. 그리고 주께서 우리에게 원하시는 것이 무엇인지 알고 그것을 행할 수 있을 것이다. 이때 우리는 주께서 우리가 그 일을 행하도록 힘을 주시는 것이 아니라, 단지 주의 모든 능력과 방법으로 우리를 통해 그 일을 이루신다는 것을 알게 될 것이다. 그리고 빛을 본 자들마다 예수 그리스도께서 어떻게 어둠을 제거하시고, 어떻게 우리를 통해 주님의 성품들을 나타내셔서 빛을 비추시는지 이해하게 될 것이다.

당신은 빛이 있을 때 그 빛을 믿었는가? 그 빛에 순종했는가? 만약 그렇지 않았다면 주님께 그 사실을 정직하게 고백하라. 그러면 감사하게도 또 다른 기회를 주실 것이다. 만약 당신이 순종해 왔고 앞으로도 계속 그럴 것이라면, 당신이 빛 가운데 성도의 기업에 참여하는 길에 제대로 서 있는지 하나님께 여쭈라.

예수님은 언제나 아버지가 옳다고 인정하셨다. 그런데 우리는 정말 그러한지 의심부터 한다. 살다 보면 이해할 수 없는 일들이 참 많은데, 당신은 그때마다 아버지께서 다 아신다고 확신하는가? 우리 안에 그리스도 예수께서 거하시면 하늘 아버지께서 모든 것을 형통케 하신다는 사실을 아는가?

시련을 당할 때에 "왜 이런 일이 내게 생겼지?" "왜 내가 어둠 속으로 곤두박질 당해야 하지?"라고 말하기 시작하면 이는 위험하다.

오히려 그럴 때마다 내게 빛이 있음을 기억하고, 하나님의 아들이 철저하게 나를 붙들고 계신다는 것을 믿어야 한다. 이것이 거룩함의 놀라움이다.

우리는 진리에 대한 새로운 국면을 접하게 될 때마다 그 문턱에서 영광스러운 시험을 치러야 한다. 물론 어둠의 영역도 있을 것이다. 이때 당신은 하나님의 아들이 당신의 죽을 육체를 통해 나타나게 하겠는가? 하나님께서 주신 그 빛을 붙들겠는가? 만일 그렇다면 당신은 예수 그리스도께서 보신 것을 그대로 보게 될 것이다.

**빛 가운데 참여하라**

빛 가운데서의 기업과 이 땅의 기업은 서로 다르다. 우리가 이 땅의 기업에 참여하여 소유하게 되는 것은 다른 사람이 취할 수 없다. 뿐만 아니라 우리가 무언가를 취하면 취할수록 다른 사람은 궁핍해진다. 하지만 빛 가운데서 받는 성도의 기업은 받으면 받을수록 다른 사람들도 함께 복을 받는다. 반면 빛 가운데서 성도의 기업에 참여하는 것을 거절하면 다른 사람들에게 그 영광을 빼앗기게 된다.

예수 그리스도 안에서 빛을 소유하는 것에는 또 다른 요소가 있다. 예를 들어, 내가 빛을 소유한 것과 당신이 빛을 소유한 것은 크게 다르다. 우리 각자는 빛을 서로 다르게 취한다. 모든 성도는 살아가면서 각자 빛을 소유한 면을 드러내는데, 온 마음을 다해 그 빛을 취하기 전까지는 다른 모든 사람이 해를 입을 것이다. 그런 문제가 발생하는 때는 네모난 사람이 둥근 원에 있기를 원할 때이다. 그는 그리스도 안에 있는 빛을 굴절시켜 드러낸다.

모든 성도는 성령께서 하나님의 지혜에 따라 각 사람에게 나눠주시는 빛을 소유하게 된다. 이때 어떤 사람이 "다른 사람도 나와 똑같은 종류의 빛을 나타내야 한다"고 주장한다면 이는 마귀에게 미혹된 것이다. 빛에 참여하면 하나님의 아들은 우리 각자의 상황에서 우리를 통해 나타나시고, 그로 인해 주변 사람들에게 놀라운 복이 임하게 된다. 하나님과 함께 거룩한 삶을 살아가는 성도는 반드시 다른 성도들에게 유익을 끼치게 되어 있다.

당신은 하늘 비전에 순종해 왔는가? 혹은 다른 사람들처럼 되기를 갈망해 왔는가? 사탄이 광명의 천사로 가장해서 찾아와 행하는 가장 위험한 일은, 성도들로 하여금 하나님께서 각 성도에게 취하라고 하신 빛을 내려놓게 하고 다른 사람이 취한 빛을 빼앗도록 설득하는 것이다. 만일 어떤 사람에게 하나님의 진리를 전파하는 특별한 은사가 있다면, 사탄은 그를 찾아가 복음을 전하는 것이 하나님께서 맡기신 사명이 아니라 조용한 곳에서 하나님과 함께 은둔생활을 하는 것이 사명이라고 속삭일 것이다.

사소한 것이라도 하나님으로부터 우리의 눈이나 마음을 멀어지게 하고, 빛에 순종하지 못하게 한다면, 결국 그 사소한 것은 점차 굴절되어 많은 슬픔과 괴로움을 남기게 될 것이다. 감사하게도 하나님께서는 그분의 자녀들을 버리지 않으시고, 많은 고통과 괴로움을 겪는 자녀들을 반드시 다시 찾으실 것이다.

당신은 어떤 상황 속에서도 예수 그리스도를 바라며 빛을 소유하고 있는가? 하나님께서 원하시는 것을 분명히 알고 그대로 행하고 있는가? 우리가 순종의 길에 서게 되면, 하나님의 아들의 완전한 것들이 큰 광채와 함께 우리를 통해 나타나게 될 것이다. 그리고 이에 대해 조금도 우쭐해 하지 않을 것이다.

당신이 빛에 순종하기 위해 올바른 방향으로 걸음을 내딛는다면, 하나님께서 보좌에 앉으신 것이 분명한 것처럼 하나님의 아들이 당신의 죽을 몸을 통해 분명하게 나타나실 것이다. 이제 하나님의 빛이 예수 그리스도를 통해 임할 때, 조금도 망설이지 말고 당장 순종하라. 그러면 어둠 가운데 행하지 않고 생명의 빛을 취하게 될 것이다.

"주께서 그러하심과 같이 우리도 이 세상에서 그러하니라"(요일 4:17).

거룩해지면 우리의 삶은 주님의 덕과 인내, 사랑과 거룩을 드러내면서 예수 그리스도의 삶을 닮아가게 된다. 그리고 하나님을 아는 것, 곧 영생의 위대한 비밀을 배우게 된다.

우리가 하나님에 대해 알게 되는 모든 지식은 형언할 수 없는 기쁨을 준다. 예수님이 제자들에게 하셨던 말씀을 기억해 보라.

"내 기쁨이 너희 안에 있어 너희 기쁨을 충만하게 하려 함이라"(요 15:11).

예수님의 기쁨은 무엇이었는가? 그것은 바로 아버지를 아는 것이었다. 당신은 매사에 하나님을 알고 이해하는가? 만일 그렇다면 당신 역시 예수님의 기쁨을 알고 있을 것이다. 그 기쁨은 놀라운 소유이며 예수님의 특성 그 자체이기도 하다. 아무리 작은 진리라도 하나님에 대해 이해하는 것은, 우리 온 마음과 뜻을 다해 하나님을 사랑하는 것이다.

비록 지금은 어둡고 모호하게 느껴질지라도 언젠가 분명히 밝혀질 것이다. 그러니 인내하라. 모든 것이 천천히 빛으로 이끌려 와 마침내 예수 그리스도께서 이해하셨던 것처럼 모든 것을 이해하게 될 것이다. 그리고 하나님을 이해하고 알 때 우리는 모든 영원한 것을 취하게 될 것이다. 감사하게도 우리는 지금 이곳에서도 그분을 알 수 있다. 거룩해진 삶이란 우리가 하나님을 이해하고, 또한 하나님의 아들의 생명이 우리 죽을 육체를 통해 나타나기 시작하는 것을 의미한다.

우리가 하나님의 영을 붙들기 전에 그분의 영이 우리를 붙드신다. 우리는 보이는 외적인 것에 사로잡히는 경향이 있어서 그것들에 집착하고 그것들이 실체라고 오해하곤 한다. 그러나 우리가 빛에 참여하게 되면 그것들은 잿더미로 변하게 될 것이다. 우리는 보이는 것들의 배후에 있는 실체와 결합하게 되고, 주님께 철저히 충성하며 나아가게 될 것이다.

### 빛 안에서 하나님과 교통하라

"이제는 주 안에서 빛이라 빛의 자녀들처럼 행하라"(엡 5:8).

빛의 나라에서는 가지고 있는 것을 나누어 준다. 이는 바로 성도의 특징이다. 만일 우리가 하나님과 친밀한 관계에 있지 않으면서 다른 사람들에게 그분과의 교통의 영광을 묘사한다면, 사람들은 그 말을 들으면서 오해하게 될 것이다. 조지 맥도널드는 "제자들"이라는 시를 통해 한 소년이 '경건한 사람들은 하나님의 성전에서 기둥과 같다'는 말을 듣고 크게 좌절한 내용을 이렇게 묘사했다.

> 내 마음은 돌처럼 굳었고
> 나의 영은 의심으로 가득 찼다
> 하나님의 성전의 기둥!
> 더 이상 결코 밖으로 나아가지 않으리라

이러한 오해는 빛에 참여하지 않은 상태, 하늘에 이끌려 오르지 않은 상태에서 하나님의 진리를 묘사할 때 나타나는 결과이다.

우리가 빛을 소유하는데 참여하면, 이는 마치 하나님의 아들이 모든 피조물로부터 휘장을 들어 올리시는 것과 같다. 주님은 우리의 눈을 들어 별들을 바라보게 하신 다음 말씀하신다.

"이것들이 보이지 않느냐? 나는 모든 별을 하나하나 다 알고 있단다."

하나님은 빛으로 가득하시기에 우리 삶의 가장 작은 부분까지도 다 아신다. 이 사실은 우리에게 큰 감동이 된다.

우리는 거룩함에 의해 하나님의 뜻 가운데 놓이게 된다. 그러기에 하나님의 뜻이 무엇인지 물을 필요가 없다. 이는 우리 자신이 하나님의 뜻이기 때문이다. 주께서 빛 가운데 계신 것처럼 우리도 빛 가운데 머물면, 우리 마음의 결정들과 삶의 과정은 자연스럽게 주의 뜻에 따라 진행된다. 만일 그릇된 결정을 내리려고 하면 주의 영이 막으실 것이다. 마음에 작은 가책이라도 느껴지면 당장 그 일을 멈추라. 그러면 예수 그리스도와 그분의 완전한 것들이 이 비상사태를 해결하기 위해 그곳에 있는 것을 발견하게 될 것이다.

우리는 기도 가운데 "예수의 피를 힘입어 성소에 들어갈 담력을 얻는다"(히 10:19)는 놀라운 말씀을 배웠다. 이 말씀은 예수 그리스도께서 하나님과 교통하신 것처럼 우리도 예수님의 속죄를 통해 하나님과 교통할 수 있다는 뜻이다. 우리는 결코 우리의 순종 때문에, 간절함 때문에, 하나님께서 기도를 들으신다고 착각해서는 안 된다. 우리가 지성소에 들어갈 수 있는 유일한 길은 오직 예수 그리스도의 보혈을 힘입는 길뿐이다. 예수님은 "아버지께서 친히 너희를 사랑하심이라"(요 16:27)고 말씀하셨다. 빛에 참여한다는 것은 예수님처럼 하나님과 교제할 수 있게 되었다는 뜻이다.

빛 가운데서 성도의 기업에 참여한 자가 되면, 우리 삶에는 거룩과 세속 사이의 구분이 사라지게 된다. 이는 하나님의 아들이 우리 죽을 육체 가운데 나타나 우리 삶 전체가 하나님과 함께 하는 영광스러운 삶이 되기 때문이다. 바울은 이를 "그의 아들을 내 속에 나타내시기를 하나님께서 기뻐하셨을 때"(갈 1:16)라고 표현했다. 당신이 어디에서나 "하나님의 아들이 내 안에서 나타나시는구나!"라고 마음으로 고백하게 된다면 이것이 바로 거룩함이다.

**빛 가운데 행하라**

"그가 우리를 흑암의 권세에서 건져내사 그의 사랑의 아들의 나라로 옮기셨으니"(골 1:13).

이 구절은 하나님께서 별들을 하늘에 두신 것처럼 그분의 큰 능력이 성도들을 주와 그분의 아들이 계신 빛으로 들어 올려 별들처럼 영원히 그곳에 두신다는 의미이다. 하나님은 빛이시다. 주께서는 우리를 그리스도 안에서 일으켜 세우셔서, 별을 하늘에 달아놓으신 것처럼 주께서 거하시는 그 빛 안에 붙들어 매신다. 주께서는 우리를 그 놀라운 기업에 참여한 자답게 빚어내신다. 그러면 천천히 그러나 분명하게 하나님의 아들의 놀라운 생명이 우리의 죽을 육체에서 나타난다. 이러한 사실을 볼 때 바울이 "하나님께 감사를 드리라"고 말하는 것은 당연하다.

우리 주 예수 그리스도께서 하신 말씀들은 그분에게 속한 권리에서 나온 말이 결코 아니었다. 즉, 예수님은 그분의 몸의 상태나 상황으로부터 말이나 생각을 끄집어내지 않으셨다. 그런데 우리는 우리 자신에 대한 권리로부터 말과 생각을 끄집어낸다. 또는 몸의 상태나 소유로부터 말과 생각을 끄집어낸다. 이러한 것들은 우리 모두가 본능적으로 따지며 끄집어내는 말들이다. 하지만 하나님의 아들은 결코 그러한 것들을 가지고 따지지 않으셨다. 오직 하늘 아버지로부터 생각과 말을 받아 하셨다. 즉, 예수님은 빛 가운데 계신 아버지의 생각을 표현하셨다. 우리도 거룩해지면 이렇게 행할 수 있다. 하나님과 동행하면 예수 그리스도의 관점으로 보게 되기 때문이다.

오늘 하루, 당신은 빛 가운데서 말하며 행했는가? 하나님의 아들이 당신 삶에 나타나시도록 허락했는가? 만약 하나님의 아들을 잊고 자신의 관점으로만 살았다면, 이 하루를 마칠 때 "주님, 용서해 주세요. 제가 오늘 하루를 다 망쳐버렸습니다. 주께서 드러나시도록 뒤로 물러나지 못했습니다"라고 고백하라.

하나님께서 우리를 들어 올려 주께서 계시는 빛 가운데 두기를 원하신다는 것을 항상 기억하라. 지금 당장은 어두워 보일지라도 언젠가 뚜렷하게 보일 것이다. 지금 어두운 모든 것을 떠올리라. 예수님은 "감추인 것이 드러나지 않을 것이 없도다"(눅 12:2)라고 말씀하셨다. 어떠한 일들이 어둡고 모호한 이유는 우리가 그것들을 이해할 수 있는 바른 조건에 놓여 있지 않기 때문이다.

당신이 이해한 모든 것에 대해 하나님께 감사하라. 빛과 자유, 놀라움으로 가득 찬 모든 진리가 기쁨으로 당신을 채울 것이다. 빛 가운데 한 걸음씩 나아가며 하나님의 아들로 하여금 그분의 덕과 능력, 임재로 우리의 모든 상황을 대하시도록 하라. 그러면 우리는 "지식에 넘치는"(엡 3:18) 초월적인 지식을 갖게 되면서 모든 상황을 이해하게 될 것이다.

당신은 거룩함의 비밀인 복음에 대해 알고 있는가? 예수 그리스도의 생명과 자유, 능력과 거룩이 당신 안에 역사하도록 허락하고 있는가? 그리스도 예수 안에서 새로운 피조물이 되었다는 것이 무슨 뜻인지 아는가? 당신은 빛 가운데서 행하는 것이 무엇인지 배워 나가고 있는가?

"하나님의 뜻은 이것이니 너희의 거룩함이라"(살전 4:3).

"너희는 하나님으로부터 나서 그리스도 예수 안에 있고 예수는 하나님으로부터 나와서 우리에게 지혜와 의로움과 거룩함과 구원함이 되셨으니"(고전 1:30).

# 2부

## 성화
## : 그리스도인의 습관

# 결단하라

"그러므로 너희가 더욱 힘써 너희 믿음에 덕을 (더하라)"(벧후 1:5).
"너희 믿음에 결단을 더하라"(모팻 역본).

"사랑은 우리에게 아무것도 요구하지 않고 다만 순수한 일상의 행동을 요구한다. 사랑은 우리가 하나님을 위해서 모든 것을 하도록 하며 그것을 실천하도록 이해시킨다. 필요한 것은 우리가 이미 행한 선한 행동들에 무엇을 더하는 것이 아니라, 단지 하나님을 향한 사랑으로 행하는 것뿐이다. 반면 어떤 사람들은 자신의 영광과 인기를 위해 악을 제거하고 덕스러운 삶을 살기도 한다. 만일 우리가 다른 것이 아닌 오직 올바른 동기로 이끌림을 받는다면 그대로 행해야 한다. 그 외에 다른 모든 것은 하나님께서 이 세상에 세우신 질서에 맡기라. 오직 정직하고 덕스러운 모든 행동을 하자. 오직 우리를 지으시고 모든 것을 주신 그분을 위해서!"(페넬롱)

하나님의 은혜를 기반으로 습관을 만드는 문제는 대단히 중요하다. 하나님께서는 거듭난 우리가 주의 모든 신성한 자원들을 접할 수 있게 하신다. 그러나 우리가 로봇처럼 주의 뜻에 따라 행하도록 하실 수는 없다. 그것은 우리의 일이지 하나님의 책임이 아니다. 우리는 결단을 하고 "믿음에 덕을 더하여야 한다." 결단한다는 것은 시작한다는 뜻이다. 우리는 모두 자신을 위해 결단해야 한다. 그리고 어느 길로 가야 하는지 잘 알아야 한다. 이때 어디로 가야 하는지 알면서 또다시 물어보려고 하는 경향을 주의해야 한다.

"더한다"는 것은 어떤 것을 행하는 습관을 가지라는 의미이다. 처음에는 그 습관을 가지는 것이 매우 어렵다.

하나님께서는 처음부터 우리에게 좋은 습관이나 좋은 성품을 주지 않으신다. 우리가 똑바로 걷도록 로봇처럼 조종하지도 않으신다. 이러한 일들은 우리 스스로 해야 한다. 우리는 하나님께서 우리 안에 행하신 일을 이루어 가야 한다(빌 2:12-13).

많은 사람들이 영적으로 패배하는데, 이는 마귀의 공격 때문이 아니라 하나님께서 우리를 어떻게 지으셨는지에 대해 어리석을 정도로 무지하기 때문이다. 사람의 몸은 마귀가 만든 것이 아님을 기억하라.

우리 몸은 우리가 구원을 받은 이후에도 이전과 똑같다. 예를 들어, 우리는 혼자 옷을 입는 습관을 가지고 태어나지 않는다. 우리는 자라면서 그 습관을 잘 길러야 한다. 이것을 영적으로 적용해 보자. 우리가 거듭날 때 하나님께서는 잘 다듬어진 거룩한 습관을 주지 않으신다. 우리 스스로가 하나님께서 우리 영혼 안에 이루어 놓으신 초자연적인 역사를 기초로 거룩한 습관을 만들어 가야 한다. 그러나 안타깝게도 많은 사람들이 이 일을 하기를 거부한다. 그러한 게으름은 하나님의 은혜를 헛되게 만들어 버릴 뿐이다.

**망설이지 말라**

"두 마음을 품어 모든 일에 정함이 없는 자로다"(약 1:8).

망설이면 안 된다. 당장 첫 걸음을 떼어야 한다. 우리의 첫 단계는 망설이지 않는 것이다.

"너희가 어느 때까지 둘 사이에서 머뭇머뭇 하려느냐"(왕상 18:21).

우리는 '하나님께서 내 엉덩이를 차서라도 첫 걸음을 떼게 하시면 좋겠다'라고 바랄 때가 있다. 하지만 하나님께서는 우리가 더 이상 망설이지 않고 결단할 때까지 놀라운 인내로 기다리신다. 우리 중에 어떤 이는 너무 오래 망설여서 '영적인 황새'처럼 되기도 한다. 그들은 우아하게 보이도록 한쪽 다리로 오래 서 있기를 좋아한다. 두 다리로 서는 것은 품위가 없다고 여기기 때문이다.

우리는 하나님의 약속의 가장자리에 너무 오래 머물러 있었다. 그래서 하나님을 위해 거기서 뛰어내리라고 하면 어색함을 느낀다. 만약 누군가가 뒤에서 밀어 움직이게 해 준다면, 그것은 우리 자신에게 잘된 일일 것이다. 만약 순종하기를 주저할 때, 하나님께서 순종을 요구하시며 그런 은혜를 베푸신다면 우리가 선 자리는 위태롭게 될 것이다.

"두 마음을 품은 자", 곧 정치적이고 계산이 빠른 영리한 사람은 "모든 일에 정함이 없는 자"이다. 삶 가운데 하나님을 가장 먼저 고려하지 않는 자는 언제나 두 마음을 품는다. 그는 늘 "만일 그렇다 하더라도", "그렇다면", "그러나"를 따지는데 이는 두 마음을 품은 자가 항상 사용하는 말이다. 만일 우리 스스로 상황을 잰다면, 간교한 원수인 '못마땅함'이 우리 마음속에 스며들게 될 것이다.

하나님께서 말씀하시면 그 말씀을 믿고 당장 결단하고 행동해야 한다. 베드로는 물 위를 걸을 때, 다른 사람이 그의 손을 잡아 주기를 기다리지 않았다. 그는 예수님을 알아본 후 곧바로 물 위로 발을 내딛었고 물 위를 걸었다. 결단한 것을 다시 재고하지 말라.

만일 그릇된 결정을 했다면 그에 따른 어려움에 봉착하게 될 것이다. 그렇더라도 견뎌내라. 훌쩍이지 말고 "다시는 그러한 실수를 하지 않겠다"고 선포하고 결단하라. 그리고 당장 발걸음을 떼라. 그리고 되돌아갈 수 있는 다리를 불살라 태우라.

결단했으면 그것을 되돌리지 못하도록 조치를 취하라. 불만은 순종하기를 거부할 때에 나타나는 것이다. 순종하기를 주저한다면 불만은 반드시 따라오게 될 것이다.

### 듣는 훈련을 시작하라

"내 말을 듣고 행하는 자마다"(눅 6:47).

그리스도인이든 아니든 우리는 모두 삶이라는 집을 세운다. 중요한 점은, 그리스도인은 세상 사람들과는 다른 바탕 위에 집을 짓는다는 것이다. 만일 우리가 우리 자신을 기쁘게 하기 위해 집을 세운다면 그것은 모래 위에 집을 짓는 것과 같다. 그러나 하나님을 사랑함으로 집을 세운다면 그것은 반석 위에 집을 짓는 것과 같다. 당신은 예수님의 말씀에 귀를 기울이는가? 예수님의 말씀 위에 집을 짓지 않는다면 당신이 세운 모든 것은 재앙으로 마쳐질 것이다.

"귀 있는 자는 들을지어다"(마 11:15).

어떤 것을 들으려면 먼저 훈련을 받아야 한다. 각 개인의 성향에 따라 무엇을 들을지를 결정하기 때문에 우리는 예수님이 우리의 성향을 바꾸어 주실 때에야 비로소 주께서 들으시는 것처럼 들을 수 있는 능력을 갖게 된다(요 12:29-30 참조). 만일 우리가 아무도 보지 않는 곳에서 하나님의 말씀에 따라 삶을 세워간다면 위기가 찾아올 때 잘 견뎌낼 것이다. 그러나 하나님의 말씀 위에 삶이라는 집을 세우지 않으면 자신의 의지와 상관없이 무너지게 될 것이다.

당신은 하나님의 말씀을 듣는 훈련을 하고 있는가? 단호한 결단 가운데 주의 음성을 듣고 있는가? 어떤 이들은 오늘 그들에게 말씀하시는 하나님의 음성을 듣지 않고, 과거에 들었던 음성만을 기억하며 살아간다.

우리는 하나님의 음성을 들을 수 있도록 마음과 영을 새롭게 하여 듣는 귀를 훈련시켜야 한다. 그러면 위기가 찾아오더라도 습관을 따라 본능적으로 하나님을 의지하게 될 것이다.

하나님의 말씀을 듣는 훈련을 할 때, 처음에는 아무것도 들리지 않고 시끄러운 잡음만 들릴 수 있다. 지금까지 들어왔던 것들에 사로잡혀 있었기 때문에 주의 음성을 들을 수 없는 것이다. 따라서 이전에 듣지 않았던 것을 듣기 위해서는 부단히 노력해야 한다. 이 일을 위해서는 내면이 외부의 음성으로부터 차단되어야 한다.

"나의 귀를 깨우치사 학자들 같이 알아듣게 하시도다"(사 50:4).

적어도 일주일에 한 번은 산상수훈을 읽고 그 말씀을 얼마나 알아듣고 있는지 확인하라.

"너희 원수를 사랑하며 … 너희를 저주하는 자를 위하여 축복하며"(눅 6:27-28).

우리가 주님의 말씀을 듣지 않는 진짜 이유는 듣고 싶지 않기 때문이다. 우리는 매사에 예수님의 말씀을 경청하는 것을 배우고, 주의 뜻을 찾으려는 습관을 키워야 한다. 우리는 중생하지 않으면 예수님의 교훈을 바로 적용할 수 없다. 물론 중생했을지라도 주의 모든 교훈을 당장 완벽하게 적용하는 것은 아니다.

성령께서는 우리가 처한 특별한 상황 속에서 주님의 말씀을 기억나게 하실 것이다. 이때 중요한 것은 그 말씀에 순종하는가 순종하지 않는가이다.

"누구든지 나의 이 말을 듣고 행하는 자는…"(마 7:24).

예수 그리스도께서 말씀을 주실 때, 결코 게으름 가운데 회피하려고 하지 말라.

## 담대하게 서라

"모든 일을 행한 후에 서기 위함이라"(엡 6:13).

견디는 것보다 싸우는 것이 훨씬 쉽다. 우리의 영적인 싸움은 공격이라기보다는 수비 상태로 서는 것이다.

우리는 격분할 때 공격한다. 그러나 강할 때는 견뎌서 이겨낸다. 오늘날 성도들은 영적인 소화불량에 걸려 행함만을 강조하고 있다. 그러나 성도가 해야 할 가장 중요한 일은 예수님을 믿는 것이다. 예수님은 우리에게 "행하라"고 강요하지 않으신다. 대신 "내가 너를 통해 일할 수 있는 상태가 되어라"고 말씀하신다. 능히 서는 것은 담대함을 잃지 않는 것이다. 만약 성도가 담대함을 잃는다면 그것은 대단히 안타까운 일이다. 우리의 의무는 담대함 가운데서 행해져야 한다. 주께서는 우리가 기쁨으로 담대하게 살아가도록 부르셨다. 우리는 결코 방심해서는 안 된다.

"…하나님의 전신 갑주를 입으라"(엡 6:11).

만일 우리가 하나님과 바른 관계에 있지 않은 상태에서 전신 갑주를 입는다면, 이는 마치 다윗이 사울의 갑옷을 입은 모습과 같을 것이다. 그러나 우리가 하나님과 바른 관계에 있다면, 우리는 이 전신 갑주가 우리에게 딱 맞는 것을 발견하게 될 것이다. 그 이유는 하나님의 전신 갑주가 그분의 속성과 어울리기 때문이다. 하나님께서 우리에게 주시는 전신 갑주는 기도의 갑옷이 아니라 하나님 그분의 갑옷이다.

"마귀의 간계를 능히 대적하기 위하여 하나님의 전신 갑주를 입으라"(엡 6:11).

마귀는 '싸움꾼'이다. 우리 자신의 힘으로 사탄과 겨룬다면 바로 패배할 테지만, 우리가 하나님의 '갑옷'을 입고 있으면 사탄은 우리를 결코 해할 수 없을 것이다.

어떤 이들은 견디는 대신 도망을 친다. 또는 마귀가 새로운 간계로 공격하면 당장 용기를 잃고 만다. 만약 당신이 서서 견디는 대신 급히 도망친다면 다른 누군가가 그 자리에 와서 어쩔 수 없이 견뎌내야 할 것이다. 그러면 결국 당신은 그 자리에 돌아왔을 때 수치 가운데 서 있게 될 것이다.

우리는 굳게 결단하고 서서 견뎌야 한다. 하나님의 전신 갑주를 입고 담대하게 서서 충성하면, 용기와 힘을 얻게 될 것이다. 우리는 각자가 처한 상황에서 꿋꿋하게 서 있을 것을 굳게 결단해야 한다.

# 6장

# 사랑하라

"형제 우애에 사랑을 더하라"(벧후 1:7).

대부분의 사람들에게 있어서 사랑은 매우 애매한 것이다. 우리는 사랑을 말하지만 그 의미가 무엇인지 잘 알지 못한다. 바울은 고린도전서 13장에서 사랑을 언급하는데, 사랑은 내 인격이 다른 인격을 향해 가장 선호(選好)하는 것을 의미한다. 그래서 상대가 누구이냐에 모든 것이 달려 있다.

예수님은 우리에게 최고의 선호를 요구하신다.

"무릇 내게 오는 자가 자기 부모와 처자와 형제와 자매와 더욱이 자기 목숨까지 미워하지 아니하면 능히 내 제자가 되지 못하고"(눅 14:26).

이 구절은 예수님을 향한 충성된 마음을 흔드는 모든 것을 미워하라는 의미이다. 오직 주께 헌신하는 것이 가장 중요하다. 그 어떤 사람도 하나님의 사랑 없이는 예수님께서 요구하시는 사랑을 할 수 없다. 우리는 예수님을 존경하고 귀하게 여길 수 있지만, 우리 안에 성령이 없다면 그분을 사랑할 수 없다. 예수 그리스도를 사랑하는 분은 성령이시다(롬 5:5 참조). 바울은 하나님을 사랑하는 능력이 아니라 우리에게 주어진 성령에 의해 "하나님의 사랑"이 우리 마음에 부은 바 되었다고 말한다. 성령은 승천하신 그리스도께서 보내신 선물이다.

당신은 성령을 받았는가? 성경은 "성령을 믿는가"라고 질문하지 않고 이처럼 "성령을 받았는가"라고 묻는다. 즉, 성령이 내 안에 들어와야 한다는 것이다(눅 11:13 참조). 나는 반갑게 맞아들임으로써 성령을 받는다. 그러면 성령께서 내 마음에 하나님의 사랑을 가득 부어 주시고, 나는 그 사랑을 기반으로 베드로가 말한 것들과 바울이 고린도전서 13장에서 말한 것들을 실천해나간다.

인간의 힘으로는 도저히 사랑할 수가 없다. 사랑의 샘은 하나님 안에 있지 우리 안에 있지 않기 때문이다. 하나님의 사랑을 인간들에게서 찾는 것은 터무니없는 일이다. 하나님의 사랑은 성령에 의해 부어진 바 될 때에만 그곳에 있을 것이다.

### 사랑할 수 없는 자를 사랑하라

"우리가 아직 죄인 되었을 때에 그리스도께서 우리를 위하여 죽으심으로 하나님께서 우리에 대한 자기의 사랑을 확증하셨느니라"(롬 5:8).

성경은 우리가 사랑받기에 가장 불가능할 때 하나님께서 우리를 사랑하셨다고 계시한다. 주께서는 "우리가 아직 죄인 되었을 때에", "우리가 원수였을 때에" 우리를 사랑하셨다. 우리가 하나님의 속성을 우리 안에 받을 때 가장 먼저 생기는 일은, 우리의 모든 위선과 거짓된 경건의 태도가 하나님에 의해 제거되는 것이다. 주께서는 우리가 사랑스러워서 사랑하신 것이 아니라 그분이 사랑이시기 때문에 사랑하신 것이다. 하나님의 사랑의 속성이 우리 안에 들어올 때 나타나는 가장 분명한 증거는 내가 죄인이라는 사실을 깨닫는 것이다.

"내 속 곧 내 육신에 선한 것이 거하지 아니하는 줄을 아노니"(롬 7:18).

하나님께서 내가 어떠한 존재인지를 계시해 주시면 나에 대한 다른 사람들의 평가가 어떠하든 상관없게 된다. 그리고 내 마음이 병든 사실에 대해 스스로 변론하지 않게 된다. 사람들이 나에 대해 말하는 최악의 말들이 거짓일 수 있다. 그러나 어떤 최악의 말이든 하나님이 보실 때의 우리의 참된 모습만큼 나쁠 수는 없을 것이다.

하나님 앞에서 나 자신이 얼마나 혐오스러운 존재인지를 느끼게 될 때 결코 그 느낌을 막으려고 하지 말라. 성령께서 우리 안에 임하실 때 행하시는 가장 첫 번째 일은 위로가 아니라 책망이다. 성령께서는 우리가 하나님의 눈을 바라볼 때, 내가 어떠한 자인지 알게 하시고 우리 안에 하나님의 속성을 주실 것을 계시해 주신다.

하나님의 사랑에 있어서 의아한 것은, 그 사랑이 주님께 속하지 않은 모든 것을 향해 가장 잔인하다는 사실이다. 하나님께서는 우리가 그분으로부터 멀리 떨어져 있으면 괴롭게 하시고, 가까이 거하면 말로 표현할 수 없을 만큼 친밀하게 대하신다.

바울은 "하나님께서 우리에 대한 자기의 사랑을 확증하셨느니라"(롬 5:8)고 말한다. 하나님의 사랑은 인간의 인식으로 받아들이기에는 매우 이상하므로 우리에게 확증되어야 그 사랑을 알 수 있다. 우리는 오직 성령에 의해 책망 받아, 우리 마음이 하나님을 대항하고 있고 죄로 가득하다는 사실을 깨닫게 될 때 "우리가 아직 죄인 되었을 때에" 우리를 사랑하신 하나님의 사랑이 얼마나 큰지 알 수 있다. 나를 사랑하신 하나님의 아들은 나를 위해 자신을 내어 주셨다. 바울은 그 사랑의 놀라움을 결코 놓치지 않았다.

하나님께서 우리 각자를 다루시는 방법을 자세히 보면, 주를 향해 내가 어떠한 교만과 악한 동기를 품고 있는지에 대해 알려 주시는 것을 발견하게 된다. 그러면 그때 이러한 죄인을 사랑하시는 하나님의 사랑을 깨닫고, 주께서 나를 사랑하심 같이 다른 사람들을 사랑하게 된다. 우리를 향하신 하나님의 사랑은 끝이 없으며 우리를 향하신 그 사랑은 다른 사람들을 향한 사랑의 근거가 된다. 우리는 사랑할 수 없는 것을 사랑해야 한다. 다시 강조하지만, 이는 오직 우리를 향한 하나님의 사랑을 근거로 할 때에만 가능하다.

"내 계명은 곧 내가 너희를 사랑한 것 같이 너희도 서로 사랑하라 하는 이것이니라"(요 15:12).

사랑은 의도적으로 '나를 제약하는 것'을 의미한다. 우리는 모든 일 가운데 주님께 유익을 드리기 위해 뜻을 다해야 한다.

"세상에 있는 자기 사람들을 사랑하시되 끝까지 사랑하시니라"(요 13:1).

이 말씀은 하나님께서 나의 모든 어리석음과 죄악, 이기심과 그릇된 동기에도 불구하고 끝까지 사랑하신다는 의미이다. 그리고 이에

상응하는 계시는 "나는 하나님께서 나를 사랑하시듯 다른 사람을 사랑해야 한다"는 것이다. 주께서는 우리가 사랑할 수 없는 많은 사람들을 주변에 데려다 놓으실 것이다. 그러면 우리는 하나님께서 내게 보여 주셨던 그 사랑을 그들에게 보여 주어야 한다.

지금까지 당신은 예수 그리스도를 위해 삶을 바칠 수 있는 영광스러운 기회를 놓치지 않고 살아왔는가? 예수님은 우리에게 그분을 위해 죽으라고 부탁하지 않으시고 우리의 삶을 내려놓으라고 부탁하신다. 주님은 우리의 죽음을 위해 자신을 희생하지 않으셨다. 주님은 우리의 죽음이 아니라 우리의 삶을 원하신다. 바울은 "내가 너희를 권하노니 너희 몸을 산 제물로 드리라"(롬 12:1)고 말한다.

인간의 가장 큰 사랑은 자기 친구를 위한 사랑이다(요 15:13). 그리고 하나님의 가장 큰 사랑은 그분의 원수들을 향한 사랑이다(롬 5:8-10). 최고의 기독교 사랑은 성도가 그의 친구를 위해 자기 생명을 내어놓는 것이다. 주 예수 그리스도는 우리를 "친구"라고 부르셨다.

"너희를 친구라 하였노니"(요 15:15).

주님은 여기서 인간의 최고의 사랑과 하나님의 최고의 사랑을 연결시키신다. 그 연결은 제자들 안에서 생기는 것이지 주님 안에서 생기는 것이 아니다. 그리고 우리의 삶을 온 마음과 뜻을 다해 내어드리도록 하는 데 있지, 실제적인 육체의 죽음과 같은 어떤 끔찍한 위기에 있지 않다. 이 사랑은 결코 실패하지 않는다. 이 사랑은 제자들의 삶 가운데 나타난 신적이며 인간적인 사랑이다.

십자가 사건은 하나님의 사랑의 속성과 본질을 드러낸다. 하나님은 자기 자신의 영달을 위해 살아가는 죄인을 위해 자신의 생명을 바치셨다. 그리고 그 사랑의 희생은 죄의 심연을 건너게 하는 다리가 되었다. 이 다리로 인해 인간의 사랑은 하나님의 사랑으로 젖어 들어 결코 실패하지 않게 된다.

**멸시 당하는 곳에서 사랑하라**

"죄가 있어 매를 맞고 참으면 무슨 칭찬이 있으리요 그러나 선을 행함으로 고난을 받고 참으면 이는 하나님 앞에 아름다우니라 이를 위하여 너희가 부르심을 받았으니 그리스도도 너희를 위하여 고난을 받으사 너희에게 본을 끼쳐 그 자취를 따라오게 하려 하셨느니라"(벧전 2:20-21).

예수님의 제자가 된다고 해서 세상에서 존경을 받는 것은 아니다. 주께서는 "내가 이것을 너희에게 이름은 너희로 실족하지 않게 하려 함이니 사람들이 너희를 출교할 뿐 아니라 때가 이르면 무릇 너희를 죽이는 자가 생각하기를 이것이 하나님을 섬기는 일이라 하리라"(요 16:1-2)고 말씀하셨다.

한번 생각해 보라. 예수님이 이 땅에 계실 때에 존경을 받으셨는가? 나사렛 마을의 목수였던 예수님은 멸시를 받으셨고 십자가에 못 박혀 돌아가셨다. "최고의 것을 볼 때, 우리는 사랑하게 된다"는 말은 맞지 않다. 당시의 종교지도자들은 성육신 하신 지존하신 분을 보고도 그분을 미워하고 십자가에 못 박아 죽이지 않았는가.

"내가 너희에게 종이 주인보다 더 크지 못하다 한 말을 기억하라 사람들이 나를 박해하였은즉 너희도 박해할 것이요"(요 15:20).

우리는 그리스도인을 '문명인'이라고 생각하는 경향이 있다. 그러나 그리스도인은 예수 그리스도와 하나 된 자를 의미한다. 또한 그들은 종이 그 주인보다 더 클 수 없다는 교훈을 배운 자들이다(요 15:20 참고).

그런데 만일 '내가 특별한 깨달음 때문에 멸시를 받고 있다'고 여기면 그로 인해 오히려 우쭐해지기 쉽다. 인간은 교만해지기 쉽기 때문이다. 하지만 예수님은 "인자로 말미암아 사람들이 너희를 미워하며 멀리하고 욕하고 너희 이름을 악하다 하여 버릴 때에는 너희에게 복이 있도다"(눅 6:22)라고 말씀하셨다. 만일 당신이 이 세상에서 좋은 세월을 보내고 싶다면 예수님의 제자가 되려고 하지 말라.

"아무든지 나를 따라오려거든 자기를 부인하고 날마다 제 십자가를 지고 나를 따를 것이니라"(눅 9:23).

이 구절은 제자가 되면 주님을 위해 자신에 대한 모든 권리를 포기하라는 의미이다. 그러나 주의 제자가 되는 것과 관련해서는 언제나 '만일'이라는 것이 있다. 즉, 주의 제자가 되기를 원치 않는다면 그럴 필요가 없다는 뜻이다. 거기에는 강요가 없다. 제자가 될 수 있는 유일한 방법은 본인이 스스로 예수님께 헌신하는 것이다.

**구속이 미치는 곳까지 사랑하라**

"하나님이 세상을 이처럼 사랑하사 독생자를 주셨으니 이는 그를 믿는 자마다 멸망하지 않고 영생을 얻게 하려 하심이라"(요 3:16).

하나님께서 무엇을 구속하셨는가? 그것은 죄와 사탄이 망쳐 놓은 모든 것이다. 구속은 완성되었다. 우리는 이 세상의 구속을 위해 수고하는 것이 아니라 구속의 바탕에 서서 수고한다. 이는 매우 다른 것이다. 제자들을 향한 예수 그리스도의 마지막 명령은 가서 세상을 구원하라는 것이 아니었다. 구원은 이미 다 이루어졌다. 주께서는 그들에게 가서 제자를 만들라고 하셨다. 우리가 할 일은 "그 눈을 뜨게 하여 어둠에서 빛으로, 사탄의 권세에서 하나님께로 돌아오게 하고 죄 사함과 나를 믿어 거룩하게 된 무리 가운데서 기업을 얻게 하는 것"(행 26:18)이다. 즉, 그들이 완성된 구속을 받아들이도록 하는 것이다. 그것을 받아들이지 않으면 구속은 아무런 효력이 없기 때문이다. 다음은 구속을 누리지 못하는 자의 생각이다.

'나는 하나님께서 사람을 구원하시는 것을 의심하지 않는다. 또한 성경에 기록된 말씀대로 무엇이든 행하실 수 있다는 것을 의심하지 않는다. 그러나 그 구속이 나를 포함하고 있다는 말은 터무니없다!'

사람들의 필요를 보면서 그것을 주의 부르심으로 여기지 않도록 주의하라. 구속은 부름이고, 필요는 기회이다. 기회는 만남뿐만 아니라 우리 가정, 직장 등 우리가 처한 곳에서 주어진다. 우리는 본능적으로 늘 다른 어디론가 가기를 원한다. 그러나 하나님의 사랑은 우리가 있는 바로 그곳에서 역사한다. 그분의 사랑은 사람들과 상관없이 역사한다.

당신은 예수 그리스도의 구속을 굳건히 믿는 가운데 당신의 인생을 쌓고 있는가? 모든 사람이 '그리스도 예수 안에서' 완벽해질 수 있다고 확신하는가? 당신은 주의 영광을 위해 그리스도의 남은 고난에 참여하고 있는가? 우리가 주님과 연합하면 주의 사랑이 항상 우리 마음에 부은 바 될 것이다. 철저하게 나 자신을 부인할 때 주의 친밀함을 경험하게 될 것이다. 우리는 우리 삶에 사랑이 실천될 때까지 사랑의 습관을 형성해야 한다.

## 7장

## 자기 자신을 장례하라

"이런 것이 너희에게 있어 흡족한즉 너희로 우리 주 예수 그리스도를 알기에 게으르지 않고 열매 없는 자가 되지 않게 하려니와"
(벧후 1:8).

일반적으로 습관이 만들어질 때, 우리는 그 과정을 의식한다. 그러나 신앙생활에서의 습관은 무의식적으로 행해지기 때문에 의식되지 않는다.

주께서 이 땅에서 사용하셨던 예들은 "공중의 새들"과 "들의 백합"이다. 새들과 꽃은 자신이 거하는 곳에서 생존의 법칙을 따른다. 그러나 자신들이 그 법칙을 따르고 있다고 전혀 의식하지 못한다. 그들 스스로 그곳에 있게 된 것이 아니라 하늘 아버지께서 그 자리에 두셨기 때문이다.

만일 하나님을 향한 어린아이 같은 믿음 대신에 자기의식이나 자기 멸시가 들어서게 되면 이는 뭔가 잘못되었다는 것이다. 이를 위한 치유는 그 어떤 습관도 의식되지 않을 만큼 습관을 지키는 것이다. 또한 우리의 작은 신앙 습관들이 우상이 될 때 하나님께서는 우리의 계획들을 뒤집어 놓으실 것이다. 우리가 기도를 드리고 성경을 읽는 습관을 우상으로 만들기 시작할 때, 하나님은 우리에게서 그 시간을 없애실 것이다. 우리는 종종 "나는 기도하느라 이것을 할 수 없어. 지금은 하나님과의 시간이야"라고 말한다. 그러나 그렇지 않다. 하나님이 아닌 기도하는 습관을 위해 기도하지 말라.

### '결핍'을 인정하라

"이런 것이 너희에게 있어 흡족한즉"(벧후 1:8).

"이런 것"이 당신 안에도 존재하는가? 살아가면서 덕, 인내, 경건이 자신 안에 생기는 것을 의식하는 때가 있다. 그러나 그때는 그저 '단계'일 뿐이다. 만일 우리가 그 단계에서 멈춰서면 아무리 노력해도 원하는 곳으로 오르지 못할 것이다. 그리스도인은 아직 자신에게 없는 덕목들을 의식해가며 끊임없이 자아를 성찰해나가야 한다. 궁극적으로 그 모든 덕목은 철저하게 하나가 된다.

결핍 의식은 영적으로 볼 때 병이다. 하지만 어떤 덕목을 더하는 것을 방치해서 생긴 결핍 의식은 하나님께서 '지적하시는 손가락'에 의해 생기는 것이다. 우리는 결핍을 인정하고 자신에게 더해야 할 덕목을 계속 연습해나가야 한다. 그 덕목에 대한 습관이 자연스럽게 나올 때까지 말이다.

우리는 어떤 한 가지 덕목만을 따로 떼어내지 않도록 주의해야 한다. 베드로는 믿음, 덕, 지식, 절제, 인내, 경건, 형제 우애, 사랑 등의 "이런 덕목들"이 우리에게 있기 때문에 자라나게 해야 한다고 말한다. 주님은 모든 그리스도인의 표본으로서 자연적인 덕목이 아닌 오직 초자연적인 용어로 묘사될 수밖에 없으시다. 예수님은 "다 내게로 오라"고 말씀하시며 "내가 너희를 쉬게 하리라"(마 11:28)고 하셨다. 여기서의 안식은 모든 활동의 완성으로 인한 쉼으로써 여러 색을 칠한 팽이로 설명될 수 있다. 만일 팽이를 빨리 돌리면, 팽이에 칠해진 색들이 합쳐진다. 그러나 속도가 느려지면 비틀거리면서 각각의 색깔이 나타난다. 우리가 결핍을 의식한다면 이는 주께서 우리에게 뭔가 더해야 할 덕목이 있음을 알려 주시기 때문이다. 그 덕목이 더하여질 때까지 우리는 각각의 색깔, 즉 결핍을 의식하게 될 것이다. 그러나 특별한 덕목들이 더하여지면 우리는 더 이상 결핍을 의식하지 않게 될 것이다. 그 후 모든 덕목이 합해지면서 우리 삶은 전체적으로 활동의 완성 상태에 이르게 되면서 안식을 누리게 될 것이다.

성도에게 가장 두드러진 특징은 자아실현이 아니라 주님의 나타나심이다. 결과적으로 성도는 언제나 무시 당할 수 있다. 이는 주께서 이 땅에 계실 때 두드러진 색채가 없어 대중에게 인기를 얻지 못하신 것과 같다. 그러나 위기가 오면 성도는 사람들이 의지하는 존재가 된다. 색채가 드러나지 않는 삶은 반드시 하나님의 밝은 광채로 나타나게 되어 있다.

**거룩에 대한 자기의식을 멈추라**

"이런 것이 너희에게 있어 흡족한즉"(벧후 1:8).

우리의 눈을 우리 자신의 청결함에 두는 것은 큰 실수를 저지르는 것이다. 그렇게 하면 하나님과의 거룩한 관계를 향한 뜨거운 '갈망'만을 의식하게 되기 때문이다. 우리는 자신의 거룩에 대한 의식이 멈추는 자리까지 나아가야 한다. 이는 그 자리에 거룩 그 자체이신 주님이 계시기 때문이다.

만일 우리가 거룩을 의식하며 살아간다면 어떤 관계 속에서는 결코 진실할 수 없을 것이다. 그 이유는 우리가 행할 수 없는 어떤 것들을 겪게 될 것이기 때문이다. 그러나 그리스도와 연합한 상태에서는 그것들을 모두 행할 수 있다. 하나님과 진실한 관계를 갖게 되면, 주께서는 우리를 그분이 원하시는 곳에 두시고, 그때 우리는 주께서 나를 어디에 두셨는지 의식하지 못한다.

우리 삶은 내면적으로는 놀라울 정도로 단순한 것만 의식한다. 이 땅에서 유일한 초자연적인 삶은 예수님의 삶이었다. 주께서는 어디서든 하나님과 함께 하셨다. 인생길에서 하나님을 불편하게 느낀다면, 이는 우리 삶에 어떤 덕목을 더해야 할 필요가 있다는 뜻이다. 우리는 그 자리에서 하나님께서 역사하시도록 구해야 한다. 그러면 우리는 주를 얻게 될 것이며 우리 삶은 오직 하나님을 첫째로 두는 어린아이와 같은 단순한 삶을 살게 될 것이다.

**하나님만이 모든 것이 되게 하라**

"너희로 우리 주 예수 그리스도를 알기에"(벧후 1:8).
"그 때에는 주께서 나를 아신 것 같이 내가 온전히 알리라"(고전 13:12).

만일 지식을 하나님의 생명으로부터 떼어내면 우리는 하나님을 비판하는 위험에 처하게 될 것이다. 우리는 하나님께서 나타나주시기를 바라며 주를 찾지만, 주님은 그분의 자녀들 '안에서' 자신을 나타내시기 때문에 다른 사람들은 그 현상을 보더라도 정작 그분의 자녀들은 이를 의식하지 못한다. 당신 역시 그렇다면 하나님께 감사하라. 만일 그렇지 않다면 당신 스스로 하나님으로부터 멀어지고 있다고 생각하라.

"예수의 생명이 또한 우리 죽을 육체에 나타나게 하려 함이라"(고후 4:11).

만일 당신이 참된 성도라면 "저는 그분의 생명이 나타나는 것을 의식하지 못합니다"라고 고백할 것이다. 어린아이가 자신이 어린 것을 의식한다면 더 이상 어린아이라고 할 수 없듯이, 성도 자신이 완전히 거룩하다고 느낀다면 이는 뭔가 잘못된 것이다.

"오, 저는 모자랍니다!"

이러한 고백은 성도로서 마땅하다. 당신은 결코 이 땅에서 선할 수 없다. 바로 이러한 이유 때문에 주께서는 당신을 구원하셔야만 했다. 이제 당신 자신을 장례하라. 그리고 그 후 하나님만이 당신의 모든 것이 되게 하라. 그러면 당신의 삶은 어린아이의 삶처럼 단순해질 것이고, 하나님의 역사가 순간마다 나타나게 될 것이다.

절대로 과거의 기억들을 먹고 살지 말라. 당신의 간증이 과거의 당신에 대한 것이 되게 하지 말라. 하나님의 말씀이 언제나 당신 안에서 살아 움직이게 하라. 당신이 가진 것 중에 가장 최고를 주께 드리라.

( 8장 )

# 선한 양심을 가지라

"선한 양심을 가지라"(벧전 3:16).

종종 "양심은 하나님의 음성"이라는 말을 듣는다. 하지만 논리적으로 따져 보면 터무니없는 말임을 알 수 있다. 바울은 "나도 나사렛 예수의 이름을 대적하여 많은 일을 행하여야 될 줄 스스로 생각했다"(행 26:9)라고 말했다. 처음에 바울은 그의 양심을 따라 예수 그리스도를 미워했고 주를 따르는 자들을 죽였다. 주님은 "무릇 너희를 죽이는 자가 생각하기를 이것이 하나님을 섬기는 일이라 하리라"(요 16:2)고 말씀하셨다. 만일 양심이 하나님의 음성이라면, 그 음성은 인간이 들어왔던 양심의 음성과는 전혀 상반된다. 양심은 영혼의 눈이다. 그것이 어떻게 기록하는지는 철저하게 하나님에 대한 관점에 달려 있다.

사울이라고 불릴 때 바울은 '유대교의 하나님'을 굳게 믿었다. 따라서 그의 양심은 그의 관점에서 기록되어 결국 예수님을 미워하고 그분을 따르는 자들을 박해했다. 하지만 바울이 주의 광명을 통해 하나님을 보았을 때, 그의 양심은 정반대로 기록하기 시작했다.

"주여, 누구시니이까"(행 9:5).

이때 바울의 양심이 바뀐 것이 아니다. 하나님에 대한 관점이 완전히 새롭게 된 것이다. 그 결과 그의 삶에 놀라온 격변이 일어났다.

양심은 영의 기능으로서 신자이든 불신자이든 그가 아는 최고의 기준을 알려 준다. 하나님을 믿지 않아도 인간에게는 모두 양심이 있다.

### 민감한 양심

"이것으로 말미암아 나도 하나님과 사람에 대하여 항상 양심에 거리낌이 없기를 힘쓰나이다"(행 24:16).

만일 당신에게 하나님과 지속적으로 교제하는 습관이 있다면,

당신의 양심은 언제나 하나님의 완벽한 율법을 보게 될 것이다. 여기서 질문은 "나는 양심이 말하는 대로 행할 것인가"이다. 내 안에 계신 하나님의 아들로 말미암아 양심이 깨어나게 되면, 양심을 민감하게 유지하기 위해 노력해야 하고, 하나님의 뜻으로 인식되는 것을 지켜야 한다. 그리고 무엇을 행할지를 알려 주시는 성령의 가장 작은 간섭에도 민감하게 반응해야 한다. 만일 영혼이 항상 하나님께 열려 있다면, 무엇을 행해야 할지 즉시 알게 될 것이다. 그러나 알면서도 순종하지 않는다면 그 책임은 자신에게 있다. 그래서 항상 나는 하나님을 향한 민감함을 유지하기 위해 노력하고, 무엇이 하나님의 선하시고 기뻐하시고 온전하신 뜻인지 분별하기 위해 애쓴다(롬 12:2 참조).

그런데 안타깝게도 많은 사람들이 "하나님께서는 내가 이 일을 하리라고 기대하지 않으시겠지? 이 일을 하라고 하신 적은 없잖아!"라고 말하며 자신 안에 민감한 양심을 형성하는 것을 회피한다. 당신은 하나님께서 당신에게 어떻게 말씀해 주시기를 기대하는가? 주의 말씀은 하늘에 있는 것도 아니고 바다에 있는 것도 아니다. "오직 그 말씀이 네게 매우 가까워서 네 입에 있으며 네 마음에 있은즉 네가 이를 행할 수" 있게 한다(신 30:12-14 참조). 만일 당신이 참 그리스도인이라면 하나님의 말씀이 있는 곳은 바로 당신 마음속이다.

하나님께서는 우리의 상황을 주관하시면서 민감한 양심을 형성할 수 있도록 기회를 주신다. 이렇게 가장 작은 부분까지 우리를 교육시키신다. 위기를 만날 때 인도함을 받는 것은 쉽다. 그러나 일상에서 항상 바르게 행하려면 하나님과 하나가 되어야 한다. 하지만 이는 다른 문제이다. 지금 당신의 양심은 끔찍한 범죄나 거룩에 의해 깨어날 필요가 없을 만큼 민감한 상태에 있는가? 당신은 일상에서도 민감한 상태로 깨어 있는가?

"하나님의 성령을 근심하게 하지 말라"(엡 4:30).

성령께서는 천둥소리와 함께 오지 않으시고 쉽게 무시할 수 있는 부드러운 소리와 함께 오신다. 양심을 민감하게 유지하는 비결은 내 마음이 하나님께 열려 있는지 항상 점검하는 습관을 갖는 것이다. 마음속에 가책이 생길 때마다 멈춰 서라. "왜 이 일을 하면 안 되는 거지?"라고 따지지 말라. 이러한 자세는 당신이 그릇된 노선에 서 있는 것을 나타낸다. 그러니 양심이 말할 때 결코 따지지 말라. 사람은 위기를 만날 때 긴장하지만 대체로 자신이 무엇을 해야 할지 알고 있다. 하지만 그리스도인의 민감한 양심은 단조롭고 따분한 일상생활 속에서 형성된다.

당신의 영혼은 하나님과의 교통을 방해하는 것을 단 하나라도 허락할 때 위험에 처하게 된다. 그것이 무엇이든 이제는 멈추라! 그리고 당신의 영적인 시력을 점검하라.

**화인 맞은 양심**

"자기 양심이 화인을 맞아서"(딤전 4:2).

여기서 언급하는 양심은 무언가 끔찍한 것으로 인해 손상된 양심을 의미한다. 양심은 영혼의 눈으로 보는 것을 기록한다. 그러나 그 눈이 흐려지면 양심이 기록하는 것이 곡해될 수 있다. 만일 당신이 영혼의 기록 기관을 계속적으로 구부려 놓는다면 그 기관은 비정상적으로 변하게 될 것이다. 그릇된 일을 반복하면 결국 그 일이 잘못된 것인지도 모르게 된다. 악한 사람은 악한 성품을 지닌 상태에서 얼마든지 행복을 느낄 수 있다. 이러한 상태가 바로 양심이 화인 맞은 상태이다.

우리의 판단 기능들은 우리 자신을 점검할 수 있도록 주어진 것들이다. 하나님의 다스림 아래에서 우리 자신을 점검하는 방법은 스스로에게 다음과 같이 묻는 것이다.

"나는 하나님의 뜻을 아는 일에 이전보다 덜 예민해진 건 아닌가?"

"나는 청결, 올바름, 선, 정직, 진리 등에 덜 예민해지고 있는가?"

만일 그렇다면 양심이 무뎌지고 있다는 증거이다. 즉, 뭔가가 당신의 영혼의 눈이 제대로 보지 못하게 하고 있다는 것이다.

양심은 심각한 범죄로 인해 마비될 수 있다. 예를 들어, 헤롯은 그의 삶 가운데서 하나님의 음성을 듣지 않았고, 예수 그리스도께서는 그의 앞에 서셨을 때 "아무 말도 대답하지 않으셨다"(눅 23:9).

인간의 눈은 설맹(雪盲)의 경우처럼 환한 흰색을 너무 오래 볼 경우 상처를 입게 된다. 그러면 몇 개월 동안 눈이 먼 상태가 된다. 양심도 어느 한 내용만 집중적으로 명상하면 손상될 수 있다. 그러면 박쥐처럼 눈이 먼 채 살아가게 된다. 물론 천사들이 환상과 명상으로 시간을 보내는 것은 문제가 없을 것이다. 그러나 그리스도인이라면 평범한 삶 속에서 하나님을 보아야 한다. 물론 기도를 위해 시간을 따로 떼어두는 것은 얼마든지 가능하다. 하지만 스스로 격리되어 어떤 한 가지 노선에만 마음을 쏟으며 평범한 삶으로 돌아가는 것을 거절한다면, 결국 영적으로 눈이 멀게 될 것이다. 우리가 일상으로 돌아가기를 거절하는 이유는, 환상이나 기적 같은 체험을 하게 하신 하나님과 바른 관계를 유지하는 일보다 그 체험 자체에 빠져 있기 때문이다.

우리는 새사람을 입어 우리를 통해 하나님의 아들을 나타내야 한다. 지금 당신은 그렇게 하고 있는가? 우리는 내적으로는 양심이 하나님께 민감할 수 있도록 해야 하고, 동시에 외적으로는 하나님께서 내 안에 행하신 일을 이루어 가는 일에 민감해야 한다.

하나님께서는 우리의 상황을 조장하셔서 매우 특이한 사람들을 만나도록 하시는데, 그들은 우리 자신을 돌아보도록 하는 도구로 사용되어 우리를 여러 모양으로 자라나게 해 준다. 이제 하나님께서 우리에게 말씀하신다.

"자, 내가 네가 보여 주었던 모습을 너 또한 그들에게 보이도록 하라."

이것이 하나님과 사람을 실족시키지 않고 온전한 양심을 지키는 방법이다.

### 거룩한 양심

"우리가 마음에 뿌림을 받아 악한 양심으로부터 벗어나고"(히 10:22).

하나님께서는 화인 맞은 양심을 고치셔서 다시 민감한 양심으로 바꾸실 수 있을까? 물론이다. 그 일은 주님의 대속에 의해 가능하다.

"그리스도의 피가 어찌 너희 양심을 죽은 행실에서 깨끗하게 하고 살아 계신 하나님을 섬기게 하지 못하겠느냐"(히 9:14).

성령께서 임하시면 우리의 본성이 크게 요동하는데, 이는 예수님을 만나 그분을 알게 되고, 또한 그 순간 자기 자신을 비판하며 정죄하게 되기 때문이다. 만일 우리가 성령께 순종하면, 성령은 그리스도의 보혈로 죽은 행실에서 우리의 양심을 깨끗하게 하시고 하나님과 화목하게 하신다. 그리스도의 보혈로 인한 속죄의 효력이 우리를 변화시킬 때, 우리는 성령에 의해 회개하게 된다. 회개는 죄를 다시는 범할 수 없는 새로운 성향을 소유하는 것까지 포함한다. 참되게 회개한 자만이 거룩한 사람이다.

"만일 우리가 우리 죄를 자백하면 그는 미쁘시고 의로우사 우리 죄를 사하시며 우리를 모든 불의에서 깨끗하게 하실 것이요"(요일 1:9).

자백을 '수긍'으로 대치하면 이는 하나님의 아들의 보혈을 발로 짓밟는 것이다. 우리가 성령 안에서 회개하면 그 즉시 그리스도의 보혈이 죽은 행실로부터 우리 양심을 깨끗하게 할 것이며 우리는 더욱 간절한 마음으로 하나님을 섬기게 될 것이다.

거룩한 양심이 우리 마음 안에 자리 잡게 하려면, 끊임없이 하나님께 마음을 열고 다른 사람들을 위해 도고 기도를 드리며 하나님과 친밀한 관계를 이어나가야 한다. 예수님은 우리의 도고 기도를 통해 죄악에 물든 양심을 깨끗하게 하시며 다른 사람들의 망가진 양심을 고쳐 주신다. 이때 우리의 양심은 엄청난 위로를 얻게 될 것이다. 성도의 양심은 거룩함을 유지하기 위해 하나님 앞에서 계속 점검되어야 하며 평생 주 앞에서 얻은 민감함을 지켜 나가야 한다.

# 9장

## 힘든 상황을 피하지 말라

"이런 것이 없는 자는 맹인이라 멀리 보지 못하고 그의 옛 죄가 깨끗하게 된 것을 잊었느니라"(벧후 1:9).

우리는 하나님 앞에 서 있는 어린아이처럼 그분의 명령을 따지지 않고 행해야 한다. 하나님의 명령은 우리의 인간적인 속성에 주어지는 것이 아니라 우리 안에 있는 하나님의 아들의 생명에게 주어진다. 인간적으로 하나님의 명령은 지키기 어렵다. 하지만 순종하는 즉시, 우리 안에 있는 하나님의 생명이 그 명령들을 지키므로 사실은 어렵지 않은 것이다. 순종의 배후에는 하나님의 은혜의 모든 전능한 능력이 담겨 있기 때문이다.

거룩함은 우리 안에 하나님의 아들이 형성된 것을 말한다(갈 4:19). 그 이후에 우리의 속성은 주의 내주하시는 생명에 의해 변화되어야 한다. 우리는 하나님의 아들의 생명에 어울리는 새사람을 입어야 한다. 만일 거룩해지기를 거부한다면 우리 안에 하나님의 아들이 나타날 수 있는 가능성은 전혀 없다.

당신은 하나님의 아들과 어울리는 새사람을 입고 있는가, 아니면 그분의 생명을 질식시키고 있는가? 만일 당신이 하나님의 아들로부터 나온 것이 아닌 다른 것들을 허락한다면, 당신 안에 있는 그분의 생명을 죽이게 될 것이다. 우리의 책임은 예수 그리스도의 생명을 나타내는 것이다. 하나님의 말씀을 언뜻 보면 우리의 책임이 없어지는 것 같지만 그렇지 않다. 예를 들어, 바울처럼 "나는 그리스도와 함께 십자가에 못 박혔다. 이제 내가 사는 것은 더 이상 내가 아니라 내 안에 계신 그리스도께서 사신다"라고 고백할 때, 이는 내게 책임이 없어졌다는 의미가 아니라 내 책임은 하나님의 아들이 항상 나를 통해 나타나도록 해야 한다는 의미이다.

### 하나님께 당신 자신을 맞추라

"이런 것이 없는 자는 맹인이라"(벧후 1:9).

하나님께서는 우리에게 성품이 아닌 하나님의 아들의 생명을 주신다. 그때 우리는 순종을 통해 예수의 생명이 우리 죽을 육체를 통해 나타나게 할 수 있다. 이는 '구원 받느냐'에 대한 문제가 아니라 구원 받음과 함께 '하나님의 아들을 우리의 죽을 육체에 나타나도록 하느냐' 하는 것이다. 우리의 책임은 그분을 나타내도록 나 자신을 항상 하나님께 맞추는 것이다.

당신은 베드로가 말한 성도의 삶을 특징짓는 덕목들에 있어서 부족함이 없는가? 예를 들어, 절제와 우애의 덕을 잘 드러내고 있는가? 만일 당신에게 이러한 덕목들이 부족하다면 이는 당신이 멀리 보지 못하기 때문이다. 즉, 과거의 죄악으로부터 깨끗하게 된 사실과 예수님의 생명이 우리의 죽을 육체 안에서 나타나야 한다는 것을 망각한 것이다.

우리 자신을 항상 하나님께 맞추는 유일한 비결은 불쾌하고 힘든 것에 대한 훈련을 하는 것이다. 내가 하나님의 아들의 생명을 나타낼 것인지 아니면 주께 반감을 갖고 살아가는 삶을 살 것인지는 불쾌하고 힘든 일을 만날 때 판가름 난다. 당신은 불쾌하고 힘든 일이 생길 때 주님과 상관없는 자처럼 짜증만 내는가? 이처럼 자아가 드러난다면 우리 안에 있는 하나님의 아들의 생명은 일그러지고 뒤틀어지게 된다. 짜증이 있는 곳에서는 그분의 생명이 고통을 당한다.

우리는 관심 받기를 원하는 인간의 속성 안에 있는 모든 요소를 주의해야 한다. 우리가 화를 내는 순간, 은혜 안에서의 성장은 멈추고 만다. 그렇기 때문에 화가 치밀어 오르는 순간마다 '내가 하나님께 얼마나 불쾌하고 힘든 사람이었는가'를 생각하라! 사실 당신이 만나는 불쾌하고 힘든 사람들은 당신이 하나님의 눈에 어떠한 사람이었는지를 보여 주는 객관적인 '그림'이다. 우리는 우리 안에서 하나님을 대항하고 있는 것들을 공격하는 법을 배워야 한다. 이 공격법을 배워 놓으면 주께서 짓밟히시는 것을 막을 수 있고, 오직 주를 위하게 된다. 이것이 바로 바울이 말한 "그리스도의 남은 고난을 그의 몸 된 교회를 위하여 내 육체에 채우노라"(골 1:24)의 뜻이다.

우리는 하나님의 섭리에 의해 불쾌하고 힘든 상황을 맞기도 하고, 우리 자신의 선택에 의해 그러한 상황을 맞기도 한다. 만일 힘든 상황 속에서도 예수 그리스도를 드러낸다면, 그 상황을 넉넉하게 감당할 수 있게 될 것이다. 그러면 그 상황은 하나님의 아들의 완전함과 청결함을 드러내는 기회가 될 것이다. 불쾌하고 힘든 일을 당하는 훈련을 즐겁게 받아들이는 비결은, 우리 안에서 하나님의 아들이 그분 자신을 드러내도록 간절히 바라는 것이다.

"이같이 너희 빛이 사람 앞에 비치게 하여"(마 5:16).

우리는 어둠 속에서 빛을 비추어야 한다. 빛이 없는 곳에서 하나님의 아들의 생명이 우리 안에 나타나도록 해야 한다. 이를 위해 하나님께 당신 자신을 맞추라.

## 영적 시력을 회복하라

"멀리 보지 못하고"(벧후 1:9).

인간의 시력은 언제라도 약해질 수 있다. 우리는 보는 것으로 모든 것을 판단하지만 그것은 많은 혼란을 준다. 오직 예수님만이 우리의 영적 시력을 회복시키실 수 있다.

"사람이 거듭나지 아니하면 하나님의 나라를 볼 수 없느니라"(요 3:3).

바울은 하나님께서 사람의 눈을 뜨게 하시기 위해 그리스도를 보내셨다고 고백한다.

지금 당신이 제대로 보지 못하도록 압박하고 있는 것은 무엇인가? 무언가가 압박하고 있다는 것은 인간의 눈에는 보이지 않는, 그러나 영적인 눈에는 매우 가깝게 보이는 하나님을 망각했다는 의미이다.

"거기서 네피림 후손인 아낙 자손의 거인들을 보았나니 우리는 스스로 보기에도 메뚜기 같으니 그들이 보기에도 그와 같았을 것이니라"(민 13:33).

하나님을 바라보면 그 어떠한 장애물도, 우리 자신도 보이지 않게 된다. 그래서 모세처럼 "곧 보이지 아니하는 자를 보는 것 같이 하여"(히 11:27) 인내하게 된다. 지금 당신은 하나님을 바라보고 있는가? 하나님의 빛 가운데서 모든 것을 바라보고 있는가? 이 땅에서 예수님은 언제나 보이지 않는 분을 바라보며 행하셨다.

"항상 내 말을 들으시는 줄 내가 알았나이다"(요 11:42).
"나는 항상 그가 기뻐하시는 일을 행하므로"(요 8:29).

만일 당신이 "왜 이런 일이 내게 일어나야 하는 거지?"라고 말하면서 자기 연민에 빠진다면, 온전한 시력을 유지할 수 없게 될 것이다. 이렇게 말하는 것은 주의 멍에를 지는 것을 의도적으로 거절하는 것이기 때문에 예수님께는 슬픔이 된다. 예수님은 아버지께서 정하신 섭리에 대해 단 한 번도 불평하지 않으셨고 언제나 순응하셨다.

주님과 온전한 관계를 유지하는 일에 온 마음을 다하라. 만일 당신이 자기 연민에 빠져 비참함을 느낀다면, 이는 당신이 하나님을 망각했다는 뜻이며 당신이 과거의 죄악으로부터 깨끗하여진 것과 당신이 당신 안에 계신 하나님의 아들의 생명과 그 생명에 어울리는 새사람을 입어야 한다는 사실을 망각했다는 뜻이다.

"우리가 주목하는 것은 보이는 것이 아니요 보이지 않는 것이니" (고후 4:18).

영적 시력을 회복시켜 하나님을 온전히 바라보는 비결은 '보이지 않는 것들을 바라보는 것'이다. 모든 불쾌하고 힘든 상황은 보이지 않는 것들에 집중하게 해 주는 영광스러운 기회가 되어 줄 것이다.

지금 하나님을 바라보지 못하도록 막고 있는 것이 무엇인가? 주 앞에 나아가 마음 문을 열고 맘껏 쏟아 놓으라. 당신을 힘들게 한 그 상황은 하나님의 아들을 드러내는 새로운 기회가 될 것이다.

**그리스도 예수의 마음을 품으라**

"너희 안에 이 마음을 품으라 곧 그리스도 예수의 마음이니"(빌 2:5).

이 땅에서의 예수님의 사고방식은 분명히 우리와 달랐다. 우리도 예수님처럼 살기 원한다면 그분의 마음을 우리 안에 품어야 한다. 그러나 주의 영을 받지 않고는 그 마음을 품을 수가 없다. 하나님께서 우리를 부르시기 전까지 우리는 우리의 사고를 결코 바꿀 수 없다.

그러나 성령께서 이전에 알지 못했던 완전한 지식을 가져오시고 우리가 이에 순종하면, 우리 안에 예수님의 마음이 형성되고 우리도 주님처럼 사고하게 된다. 그러나 다시 과거의 사고 체계로 돌아가 따진다면 그것은 하나님의 영을 근심하게 만드는 것이 된다.

아무리 불쾌하고 힘든 상황에 있더라도 "주여, 저는 이 문제 가운데 주께 순종하기를 기뻐합니다"라고 고백하라. 그러면 그 즉시 예수님을 영화롭게 하는 사고방식을 형성해 주실 것이다. 그리스도의 마음을 품을 수 있도록 늘 자신의 영혼의 상태를 점검하라.

# 10장

# 불굴의 삶을 살라

"그러므로 형제들아 더욱 힘써 너희 부르심과 택하심을 굳게 하라 너희가 이것을 행한즉 언제든지 실족하지 아니하리라"(벧후 1:10).

세상에서의 목표는 세월이 지나면서 바뀌기도 하고 수정되기도 한다. 하지만 그리스도인의 목표는 변하지 않는다. 그것은 바로 삶에서 예수 그리스도를 나타내는 것이다. 우리는 어린아이 같은 상태로 오래 머물러 있지 않도록 주의하여 "범사에 그에게까지 자라날 수 있도록"(엡 4:15) 신경 써야 한다. 우리는 진리를 따라 행하고 하나님의 자녀임을 증거하며 살아가야 한다. 하나님의 생명은 삶에서 다양하게 나타나지만 그 목표는 궁극적으로 예수 그리스도를 나타내는 것이다.

"우리가 다 하나님의 아들을 믿는 것과 아는 일에 하나가 되어 온전한 사람을 이루어 그리스도의 장성한 분량이 충만한 데까지 이르리니"(엡 4:13).

만일 예수 그리스도가 우리의 죽을 육체를 통해 나타나지 않는다면 우리는 책망 받아야 한다. 그 이유는 주의 몸을 먹고 그분의 피를 마시지 않았기 때문이다. 음식을 먹고 소화하듯이, 예수님은 그분을 우리 영혼 안으로 취해야 한다고 말씀하신다.

"나를 먹는 그 사람도 나로 말미암아 살리라"(요 6:57).

음식 자체가 건강이 아니며 진리 자체가 거룩이 아니다. 음식은 건강해지기 위해 신체 기관에 의해 소화되어야 한다. 진리 역시 거룩함으로 나타나려면 하나님의 자녀들이 소화해내어야 한다. 그러나 바른 교훈을 바라보면서도 그 교훈이 계시하는 진리를 소화해내지 못할 수도 있다.

진리에 대한 교리를 '진리'로 만들지 않도록 주의하라. 예수님은 "내가 곧 진리"라고 말씀하셨다. 만일 우리가 예수님께서 하신 말씀을 그분과 분리시킨다면 은밀한 영적 자아도취에 빠질 것이다. 소화되지 않은 교훈은 우리의 영혼을 그릇된 길로 빠트린다.

### 부르심을 굳게 하라

"그러므로 형제들아 더욱 힘써 너희 부르심과 택하심을 굳게 하라"(벧후 1:10).

"굳게 하라"는 말은 분명하게 하여 확신을 가지라는 의미이다. 우리는 택함 받은 사실을 굳게 하는 습관을 형성해야 한다. 우리는 온 힘을 다해 부르심을 이뤄내야 한다. 그리고 이를 위해서는 내가 어떤 목적을 위해 구원 받았는지를 기억해야 한다. 그 목적은 내 죽을 육체 안에서 하나님의 아들을 나타내는 것이다.

당신은 당신의 몸이 성령의 전이라는 사실에 얼마나 많이 집중하고 있는가? 주께서 당신의 죽을 육체를 통하여 나타나고 계신가? 아니면 입술로만 그렇다고 고백하는 모순된 삶을 살아가고 있는가? 당신은 하나님께서 당신 안에 이루신 구원을 성취해 나가고 있는가? 아니면 예수 그리스도를 져버렸는가? 당신은 참된 것이 아닌 것을 간증하는가? 만일 당신의 간증이 황홀한 체험뿐이라면 그것은 생명 없는 죽은 간증일 뿐이다. 그 간증은 당신도 죽일 뿐 아니라 듣는 자들까지도 죽인다. 하지만 당신이 예수 그리스도와 연합해 있다면, 당신의 모든 간증은 그분을 드러낼 것이다.

"너희 마음의 눈을 밝히사 그의 부르심의 소망이 무엇이며 성도 안에서 그 기업의 영광의 풍성함이 무엇이며"(엡 1:18).

사람들 앞에서 겸손하게 보이려는 태도는 하나님 앞에선 모독이 된다.

"저는 성도가 아니에요. 저는 자신이 거룩해졌다고 증언하는 사람들을 보면 이상해요."

이 말은 겸손하게 들릴 수 있다. 하지만 정작 이 말은 "하나님은 나를 성도로 만드실 수 없다"는 뜻이기에 신성모독적인 말이다. 반면 하나님 앞에 겸손한 자세는 "저는 제 손에 가진 것이 아무것도 없습니다"라고 고백하며 살아가는 것이다.

### 구원을 이루라

"너희가 이것을 행한즉"(벧후 1:10).

우리는 구원을 위해 할 수 있는 것이 아무것도 없다. 그러나 구원을 받으면 그 구원을 나타내는 일을 반드시 해야 한다. 즉, 구원을 이루어 내야 한다. 당신은 온몸으로 구원을 이루어 내고 있는가? 우리는 모두 립 반 윙클처럼 "지금은 그 문제를 고려하지 않을 테야"라고 말하기 쉽다. 그러나 예수님은 "너희가 이것을 알고 행하면 복이 있으리라"(요 13:17)고 말씀하셨다.

"그런즉 누구든지 그리스도 안에 있으면 새로운 피조물이라"(고후 5:17).

새로운 피조물이 어디에 있는가? 만일 당신이 여전히 당신 멋대로 행하고 있다면 "나는 그리스도 안에서 새로운 피조물이다"라고 말하는 것은 거짓이다.

당신은 예수님께 자신의 의지를 항복하는 법을 배웠는가? 하나님과 바른 관계를 갖게 될 때, 우리는 우리 자신의 삐뚤어진 의지를 철저히 깨닫게 된다. 또한 거룩해질 때, 창조 당시의 원래의 순전한 의지가 어떠한 것인지를 알게 된다. 이때 성령께서는 우리의 의지가 바르게 행동하도록 요구하신다. 그러면 우리는 주께서 그분의 의지를 아버지께 복종시키셨듯이 우리의 의지를 예수님께 복종시켜야 한다. 예수님이 사람의 몸을 입고 이 땅에 계실 때, 아버지와 어떻게 하나가 되셨는가? 철저한 순종과 철저한 신뢰, 그리고 철저한 교통을 통해 하나가 되셨다.

당신은 믿음에 덕을, 지식에 절제를, 경건에 형제 우애를 더하고 있는가? 우리는 이러한 것들을 훈련하는 가운데 더욱 겸손해져야 한다. 성도를 향한 하나님의 명령은 담대히 주를 신뢰하고 현실 속에서 겸손하게 수고하는 것이다. 결코 거만한 생각을 하거나 현실을 노골적으로 멸시해서는 안 된다. 하나님은 우리가 어디 있는지 아시며 그분의 명령은 순간마다 우리에게 임한다. 우리는 하늘에서 예수님을 나타내도록 부름 받은 것이 아니다. 우리는 어둠 가운데서, 그리고 이 땅의 불결하고 누추한 곳에서 빛이 되어야 한다. 우리가 있어야 할 곳은 악령들이 가득한 계곡이다. 변화산 꼭대기가 아니다. 우리가 이런 덕들을 실천해야 하는 곳은 바로 계곡이다.

하나님께서는 주의 자녀들이 지나야 할 시험을 결코 면제해 주지 않으신다. 베드로는 "사랑하는 자들아 너희를 연단하려고 오는 불 시험을 이상한 일 당하는 것 같이 이상히 여기지 말라"(벧전 4:12)고 한다. 하나님께서는 모든 일을 조장하시는 분이다. 주님은 어려움을 허락하셔서 우리가 결국 그것들을 뛰어넘게 만드신다.

"내 하나님을 의지하고 담을 뛰어넘나이다"(시 18:29).

하나님께 더 이상 불평하지 말라. 주께서 허락하시는 모든 상황을 용기와 열정을 가지고 대면할 준비를 하라. 하나님의 아들이 당신의 죽을 육체 안에서 나타나시도록 하라. 우리는 결코 하나님께서 알지 못하시는 상황을 겪지 않는다.

### 무엇을 기대하는가?

"언제든지 실족하지 아니하리라"(벧후 1:10).

당신은 무엇을 기대하는가? 비정상적인 기대가 있다면 그것을 찾아내는 방법은 자신이 하나님께 무엇을 기대하는지 추적해서 알아내는 것이다. 비정상적인 기대 중 한 가지는 '성공적인 사역에 대한 기대'이다. 예수님의 제자들은 첫 번째 전도여행을 마치고 성공에 들떠서 돌아왔다.

"주여 주의 이름이면 귀신들도 우리에게 항복하더이다"(눅 10:17).

그러나 주님은 이렇게 말씀하셨다.

"너희 이름이 하늘에 기록된 것으로 기뻐하라"(눅 10:20).

우리는 성공을 위해 부름 받은 것이 아니라 충성을 위해 부름 받았다. 우리는 자신이 하나님의 전시용 방에 멋지게 놓일 것이라는 생각을 하지 않도록 주의해야 한다. 그런 전시관은 없다.

우리는 오직 한 가지 목표를 가져야 한다. 그 목표는 나를 통해 하나님의 아들이 나타나도록 하는 것이다. 그러면 하나님께 지시하려는 성향도 사라지게 될 것이다. 예수님은 결코 아버지께 지시하지 않으셨다. 우리 역시 그래서는 안 된다. 우리는 우리의 의지를 주께 복종시킴으로써 하나님께서 원하시는 것을 우리를 통해 이루어야 한다.

'나는 내가 왜 이러한 일을 당해야 하는지 알 수 없어'라는 생각이 드는 순간, 우리는 더 이상 성도가 아니다. 이러한 생각은 우리 안에 계신 하나님의 아들의 생명과 함께 할 수 없기에 당장 버려야 한다. 우리는 바로 그 일들을 통과해야만 하는 유일한 자들이다. 만일 우리가 그 일을 거절한다면, 그 수모는 주께로 다시 돌아갈 것이고, 그러면 다시는 주님께서 내게 원하시는 것을 듣지 못하게 될 것이다. 누군가는 이렇게 말하면서 원치 않는 일을 피해왔을 것이다.

"그가 나를 조롱하려 했지만 내가 용케 잘 빠져나왔지."

그러나 주님을 뵙게 될 때 이렇게 묻게 될 것이다.

"주님, 그 멍 자국은 무엇인가요?"

"네가 받았어야 하는 것이 내게 다시 돌아왔구나!"

언제나 하나님과 두 배, 즉 오 리가 아니라 십 리를 동행하라. 물론 이것은 의무가 아니다. 만일 우리가 의무를 절대화시킨다면 어떤 특별한 상황에서 그리스도인이 되기를 포기할 수도 있다. 십 리를 더 가는 것과 왼편 뺨까지 돌려 대는 것은 결코 의무가 아니다. 하지만 성도라면 마땅히 그렇게 해야 한다. 주께서는 지금도 우리에게 그렇게 행하고 계신다.

그런데 오히려 우리가 주께 십 리를 가라고 강요하곤 한다. 즉, 나는 아무것도 하지 않고 주께서 나를 위해 다 해야 한다고 생각하는 것이다. 또한 주께 "저는 이러한 상황을 받아들일 수 없습니다"라고 말하기도 한다. 그렇게 말할지라도 하나님은 우리에게 벌을 내리지 않으실 것이다. 다만 언젠가 '그때 주께서 그리스도의 남은 고난을 채울 영광스러운 기회를 내게 주셨었구나'라는 사실을 깨닫고 스스로를 책망하게 될 것이다.

베드로는 예수님을 세 번 부인한 제자였다. 이후 그는 "그 자취를 따라야 한다"(벧전 2:21)고 말한다. 그는 비참함 가운데 자신에 대해 깨달은 사람이었다.

> "시몬아, 시몬아, 보라 사탄이 너희를 밀 까부르듯 하려고 요구하였으나 그러나 내가 너를 위하여 네 믿음이 떨어지지 않기를 기도하였노니 너는 돌이킨 후에 네 형제를 굳게 하라"(눅 22:31-32).

베드로는 내주하시는 성령께서 이 말씀을 기억나게 하셨을 때 예수님의 말씀을 이해했다. 당신은 예수님의 보이지 않는 발자취를 따르고 있는가? 지금 예수님은 그분의 발을 어디에 두셨는가? 그분은 병든 자, 슬픈 자, 악한 자, 뒤틀린 자, 선한 자들 사이에 그분의 발을 두셨다. 이는 주께서 우리가 우리 발을 둔 곳, 즉 인간의 험난하고 황폐한 곳에 그분의 발을 두셨음을 의미한다.

> "내가 나의 발 둘 곳을 영화롭게 할 것이라"(사 60:13).

새 생명을 따라 살아갈 때, 우리의 삶은 더 이상 황홀감에 젖은 삶이 아니라 불굴의 삶이 될 것이다. 우리는 말로 형용할 수 없는 인내 가운데 살면서 하나님의 아들이 우리를 통해 행하신다는 사실을 깨닫게 될 것이다.

## 11장

# 영적 부요함을 누리라

"이같이 하면 우리 주 곧 구주 예수 그리스도의 영원한 나라에 들어감을 넉넉히 너희에게 주시리라"(벧후 1:11).

비록 우리가 신의 성품에 참여한 자가 되었을지라도(벧후 1:4), 이를 나타내기 위해서는 끊임없이 습관을 만들어야 한다. 예수님은 "우리가 하나가 된 것 같이 그들도 하나가 되게 하소서"(요 17:22)라고 기도하셨다. 바울은 실제 삶에서 하나님과 하나 됨을 유지하는 습관을 형성하라고 당부했다. 예수 그리스도는 그분의 생명을 성령을 통해 나타내시는데, 우리의 몸은 성령의 전이다. 그러므로 우리는 주께서 자신을 나타내실 수 있도록 새사람을 입고 우리의 모든 행동이 주님과의 바른 관계로부터 나올 수 있도록 주의해야 한다.

베드로후서 1장 3-4절은 은혜의 초자연적인 역사들을 묘사한다. 이 약속을 받은 우리는 하나님께서 우리 안에 이루신 모든 일을 삶으로 실현할 수 있는 습관을 형성해야 한다. "더하라"는 뜻은 우리가 해야 할 일이 있다는 뜻이다.

### 하나님의 풍성함에 들어가라

"영원한 나라에 들어감을 넉넉히 너희에게 주시리라"(벧후 1:11).

영원한 나라에 들어가는 입구는 "새롭고 살아 있는 길"이신 우리 주 예수 그리스도이시다.

"하나님의 모든 충만하신 것으로 너희에게 충만하게 하시기를 구하노라"(엡 3:19).

우리는 의식의 장벽 앞에서 멈추기 때문에 영적으로 무기력해진다. 즉, 자신에게 가능하다고 의식할 때만 믿으려고 하는 경향이 있는데, 그러면 결국 하나님의 공급을 깨닫지 못하게 된다. 만일 하나님의 은혜와 생명과 능력과 힘이 (나의 영광이 아니라) 하나님의 영광을 드러내기 위해 우리 안에서 나타나지 않는다면, 하나님께서는 그 책임을 반드시 물으실 것이다. 분명 어디선가 잘못되었다.

만일 하나님으로부터 뭔가 의식할 수 있는 것을 바란다면, 이는 주께 내어드리지 못하고 남겨둔 것이 있다는 뜻이다. 즉, 나 자신의 의지가 아직 항복하지 않은 것이다. 그러나 우리가 항복하는 즉시, 하나님의 사랑이 파도처럼 우리를 이끌어 그분의 모든 충만함에 닿게 할 것이다.

"미련하고 선지자들이 말한 모든 것을 마음에 더디 믿는 자들이여" (눅 24:25).

우리는 자신이 체험한 것만 믿으려고 한다. 그러나 우리는 예수님을 다 체험할 수 없다. 우리의 작은 마음의 범위로는 예수님을 다 품을 수 없기 때문이다. 예수 그리스도는 언제나 그분에 대한 우리의 체험보다 훨씬 더 크시다. 우리의 체험은 그분을 믿는 우리의 믿음과 함께 할 것이다.

"이런 것이 너희에게 있어 흡족한즉"(벧후 1:8).

당신은 영적으로 풍성해지는 습관을 만들었는가? 혹 자신의 것이 아닌 것으로 망상에 빠져 있거나 도박을 하고 있진 않은가? "이런 것"은 절제, 인내, 사랑 등으로 위로부터 거듭나지 않으면 우리 안에 있을 수 없는 것들이다. 혹 당신은 하나님과 바른 관계에 있지 않음을 알면서도 바른 관계에 있다고 스스로를 설득하며 속이고 있진 않은가?

이 땅에서의 유산은 우리 각자의 특별한 소유이지만, 그것들을 많이 취하면 취할수록 다른 사람들은 더욱 가난하게 된다. 그러나 영적인 풍성함은 다르다. 우리가 그 풍성함에 참여하면 다른 사람들도 함께 복을 받게 된다. 따라서 당신이 그 풍성함에 참여하기를 거절한다면 다른 사람들이 하나님의 풍성함에 들어가는 것도 막는 것이 된다.

"나에게 이 은혜를 주신 것은 측량할 수 없는 그리스도의 풍성함을 이방인에게 전하게 하시고"(엡 3:8).

세상은 돈에 대해 말할 때 못된 구석이 있다. 흔히 듣는 말 중에 가장 최악의 거짓말은 "돈이 없다"는 말이다. 그런데 문제는 이러한 사고가 영적인 영역에도 들어와 있다는 것이다. 예를 들어, 우리는 하루를 마치면서 "정말 힘든 하루였어!"라고 말하는 것을 겸손의 표시라고 여긴다. 그런데 생각해 보라. 하나님의 은혜는 예수님을 통해 막힘없이 우리에게 전해진다. 또한 주께서는 우리를 복 주시기 위해 바다의 마지막 모래알까지라도 동원하실 준비가 되어 있으시다. 그러니 상황이 힘든 것이 무슨 문제가 되겠는가? 그리고 상황이 어려우면 안 되는 이유는 무엇인가! 우리는 그것들을 견뎌내야 할 자들이 아닌가.

상황 때문에 하나님께 골을 내는 것은 죄를 짓는 것이다. 시편 42, 43장을 보면 시인은 힘든 상황을 묘사하고 있다.

"그런즉 내가 하나님의 제단에 나아가 나의 큰 기쁨의 하나님께 이르리이다"(시 43:4).

여기서 보면 기쁨으로 하나님께 나아간다고 묘사하지 않고 "나의 큰 기쁨의 하나님께" 나아간다고 고백하고 있다. 그 어떤 재앙도 이러한 풍성함을 건드릴 수 없다!

자기 연민은 매우 악한 죄이다. 이는 자신의 유익을 보좌에 앉히고 있기 때문에 나타나는 죄악이다. 자기 연민은 지독히 못난 자아에 대해 아무런 잘못이 없다고 여기도록 만든다. 그것은 하나님을 밀쳐 내고 그분을 향해 불평을 쏟아 놓게 만든다. 자기 연민의 삶은 피폐하게 되고 천박해지며 사랑스러움이나 너그러움이 전혀 없다.

고통을 당할 때 "나는 뭔가 특별한 것 같아"라는 우월 의식에 빠지는 것을 주의하라. 만일 비참함 속에서 자만이라는 호화로움에 빠진다면 당신은 자신의 고통에 대한 의식 속에 갇히게 될 것이다. 하나님의 풍성함은 추방되고, 자기 연민이 영혼의 보좌에 앉게 될 것이다.

### 성도의 특권을 누리라

"영원한 나라에 들어감을 넉넉히 너희에게 주시리라"(벧후 1:11).

예수님은 "내 나라는 이 세상에 속한 것이 아니니라 만일 내 나라가 이 세상에 속한 것이었더라면 내 종들이 싸웠으리라"(요 18:36)고 말씀하셨다. 주의 나라는 영원한 실체에 속해 있다. 그런데 우리는 '권력으로 유지되지 않는 나라'에 대해 생각조차 할 수 없기에 예수 그리스도의 나라가 이 땅 위의 나라와 "전혀 다른 나라"라는 것을 쉽게 잊고 만다.

예수 그리스도의 나라는 이성적으로 알 수 있는 그러한 원칙에 서 있지 않고 '전혀 다른 원칙'에 서 있다. 우리는 결코 주께서 인정하시지 않는 원칙을 사용해서는 안 된다. 만일 우리가 영적으로 교착 상태에 닿아 있다면 이는 우리가 '전혀 다른 존재'가 되기를 멈추었기 때문이다. 우리는 성령의 세밀한 인도를 따를 준비가 되어 있어야 한다. 성령께서는 예수 그리스도의 영원한 관점을 가져와서 우리의 실제 삶에 적용하라고 말씀하신다. 만일 우리가 성령을 따라 그렇게 행한다면, 세상 관점을 지닌 자들은 우리를 어리석은 자들이라고 여기게 될 것이다.

당신은 이 세상에 있지만 이 세상에 속해 있지 않다. 당신은 예수님께 하나님의 빛이 임하였던 것처럼 당신 자신에게도 그 빛이 임하기를 원하는가? 예수님 안에 있는 특성들이 당신의 삶을 주관하기를 원하는가?

"하나님의 나라는 너희 안에 있느니라"(눅 17:21).

예수 그리스도는 왕이시며 그 나라이시다.

"영생은 곧 유일하신 참 하나님과 그가 보내신 자 예수 그리스도를 아는 것이니이다"(요 17:3).

영생은 하나님이며 하나님은 영생이시다. 속죄(At-One-Ment)의 의미는 예수께서 우리 안에 그분의 생명을 낳으셨다는 뜻이다. 우리는 거룩함에 의해 예수 그리스도와 완벽하게 하나 되는 나라에 들어간다. 그분이 모든 것이며 우리는 믿음에 의해 그분의 것이 된다. 그리스도는 "우리에게 지혜와 의로움과 거룩함과 구원함이 되셨다"(고전 1:30). 우리에게는 그분과 관련 없는 것이 아무것도 없다. 지금 당신은 이러한 특권을 누리는 습관을 형성하고 있는가?

**샘의 원천에서 물을 길어내라**

"우리 주 곧 구주 예수 그리스도의"(벧후 1:11).

예수 그리스도는 구세주와 주로 체험되고, 인식에 있어서는 주와 구세주로 알게 된다.

"너희가 나를 선생이라 또는 주라 하니 너희 말이 옳도다 내가 그러하다"(요 13:13).

정말 그분이 당신에게 그러한 분이신가? 성령의 증거는 계속적으로 더 큰 놀라움 가운데 우리 주와 선생이신 예수 그리스도가 우리에게 개인적으로 어떤 분인지를 깨닫게 한다. 성령 세례는 우리로 하여금 기이한 일을 행하는 일꾼들이 아니라 예수님을 증거하는 일꾼으로 만든다. 그 증거는 예수께서 행하시는 일을 증거하는 것이 아니라 그분이 누구이신지를 증거하는 것이다.

"내 증인이 되리라"(행 1:8).

우리는 이러한 풍성한 복음 사역으로 인해 주의 나라에 들어왔다. 즉, 그리스도와 하나가 되었다. 우리는 그분의 즐거움이며 그분의 마음은 우리로 인하여 만족한다. 하나님께서 우리로 인해 만족하시면 주께서는 거짓된 부요함의 모든 원천들을 마르게 하신다. 주님은 우리를 거룩하게 하신 후, 샘의 원천이 오직 그분 안에만 있음을 알게 하신다. 주께서는 자연적인 덕들도 마르게 하실 것이다. 또한 우리가 스스로에 대해 믿는 모든 신뢰를 무너뜨리실 것이다. 따라서 우리는 실제적인 체험을 통해서 예수 그리스도의 측량할 수 없는 차고 넘치는 샘이 아닌 다른 곳에서 우리의 생명을 길어낼 권한이 없음을 배우게 될 것이다. 만일 당신이 세상적으로 메마른 삶을 살고 있다면 주께 감사하라! 우리에게는 예수 그리스도의 한량없는 풍성함으로부터 길어오는 끝없이 차고 넘치는 공급이 있다. 하지만 안타깝게도 어떤 사람들은 우리의 하늘 아버지를 마치 한 푼이라도 덜 주려고 하는 구두쇠처럼 말한다!

우리는 성탄절에 무엇을 하며 다녀야 할까? 마치 억만장자처럼 다녀야 한다. 물론 그만한 물질은 당연히 없지만, 영적으로는 하나님의 모든 은혜를 갖고 있으므로 다른 사람들에게 그 은혜를 전해야 한다.

"나를 믿는 자는 성경에 이름과 같이 그의 배에서 생수의 강이 흘러나오리라"(요 7:38).

만일 당신이 '샘의 원천'으로부터 돌아서서 하나님께서 당신을 통해 어떤 일을 하시는지 알기 위해 '물의 흐름'을 본다면, 당신의 샘은 메마르게 되고 결국 우물가에 앉아 슬피 울게 될 것이다.

"그리스도인으로 사는 것은 끔찍하게 어려워요."

돌이켜 샘의 원천이신 하나님을 주목하라. 그러면 그분을 바라보면서 기쁨이 충만해지는 것을 체험하게 될 것이다. 하나님께서 행하시는 일을 보고 결코 놀라지 말라. 그 대신 주님께 사로잡히도록 하라. 그러면 주께서 계속 당신을 통해 놀라운 일들을 행하실 것이다.

지금 당신은 하나님 앞에서 불평하고 있는가? 마음과 영혼이 비틀려 있는가? 낙심 가운데 자기 연민을 느끼고 있는가? 하나님께 등을 돌리고 주님으로부터 점점 멀어지고 있는가? 하나님께 돌아가라. 그분의 풍성한 은혜와 복이 언제나 넘칠 것이다. 명심하라. 구원 받고 주께 위로 받은 마음 안에는 자기 연민이 전혀 남아 있지 않다.

## 3부

성화의 삶을 살아가라
: 그리스도인의 체험

# 12장

# 구하라 찾으라 두드리라

"구하라 그리하면 너희에게 주실 것이요 찾으라 그리하면 찾아낼 것이요 문을 두드리라 그리하면 너희에게 열릴 것이니"(마 7:7).

체험은 사람의 생각의 과정이 아니라 삶의 과정이다. 성경은 삶과 비슷해서 원칙보다는 사실들을 다룬다. 삶은 논리적이지 않다. 논리는 우리가 아는 사실들에 대해 이해하는 방법일 뿐이다. 만일 알지 못하는 사실들에 대해 논리적인 방법을 억지로 적용한 후 하나님과 다른 사람들을 논리적으로 이해하려고 한다면, 우리는 그 이해가 우리 삶의 체험과 전혀 다른 결론에 이르는 것을 발견하게 될 것이다.

우리는 그리스도인으로서 살아내기 힘든 삶의 부분은 제쳐두고 자신이 잘할 수 있는 부분만 드러내려는 성향이 있는데, 그리스도인의 체험은 삶 전체여야 한다. 부끄러운 삶의 부분을 합리화시키려는 '눈가리개 교리'를 주의하라. 우리의 믿음은 우리 삶 전체에 적용되어야 한다.

주님의 가르침은 매우 단순해서 '자연적인 마음'은 여기에 별 관심을 보이지 않는다. 그 마음은 주로 도덕적으로 복잡한 것들에 대해 신경을 쓴다. 예를 들어, 주께서는 "구하라 그리하면 너희에게 주실 것이라"(마 7:7)고 말씀하셨다. 그러나 만일 '눈가리개'를 쓰고 원하지 않는 것은 보지 않기로 한다면, 이 말씀은 아무런 의미가 없다.

"저는 저만의 작은 종교적인 우물 안에서 아름답게 살 수 있습니다."

이것은 기독교적인 체험이 아니다. 우리는 삶 전체를 있는 그대로 직면해야 하며 또한 두려움 없이 직면해야 한다. 결코 자신의 믿음을 어떠한 체험에 고정시키지 말라. 그 체험을 주신 주님을 바라보라. 그리고 체험에 대해 자랑하려는 자신을 무자비하게 대하라. 만일 당신의 체험들이 근원이신 예수 그리스도로부터 멀어지게 한다면, 그것은 아무런 가치가 없다. 온전하고 충분한 체험을 통과해가며 성숙해진 성도를 만나면 놀랄 만한 힘을 얻게 된다. 그러한 성도의 믿음은 모든 체험의 원천이 되시는 주님께 더 깊고 강한 신뢰 가운데 세워져 있다.

### 구하라

구하는 것처럼 쉬운 일은 없다. 그런데 우리는 극한 상황에 이르러서야 하나님께 구한다. 불가능하다고 느낄 때에야 구한다. 그러나 원한다고 해서 아무 때나 영적 실체를 경험하게 되는 것이 아니다.

어느 날 갑자기 '내가 성령으로 충만하지 못하구나', '주님께서 원하시는 것에 대해 무지하구나'라고 고백한 적이 있는가? 실체를 거슬러 성장했을 때 오는 첫 번째 결과는 이처럼 '결핍'을 깨닫는 것이다. 지혜의 결핍, 성령 충만의 결핍, 능력의 결핍, 하나님을 붙들지 못한 결핍 등을 말이다. 지금 이 순간 지혜가 부족하다는 사실을 인정하고 하나님께 구하라.

> "너희 중에 누구든지 지혜가 부족하거든 … 하나님께 구하라"(약 1:5).

당신은 도덕적이고 영적인 결핍을 깊이 느끼는 가운데 하나님께 간구해 본 적이 있는가? 결핍을 깨달았다는 것은 영적인 실체를 접했다는 의미이다. 그러니 이제 다시는 논리적인 '눈가리개'를 또다시 쓰는 일이 없도록 하라.

"우리에게 단순한 복음을 전해 주세요."

"제게 거룩해야 한다고 말하지 마세요. 그 말은 비참할 정도로 제 안에 결핍을 느끼게 한단 말이에요. 저는 그것을 느끼는 게 싫어요."

어떤 사람들은 자신의 결핍에 대해 너무나도 잘 안다. 그들은 지독히 가난하다. "구하라"는 것은 "구걸하라"는 뜻이다. 거지는 다른 바람이 있어서가 아니라 그의 비참하고 고통스러운 결핍으로 말미암아 구걸한다.

만약 당신이 아직 구하는 단계에 가지 않았다면, 하나님께로부터 아무것도 얻지 못할 것이다. 구하지도 않으면서 "구하더라도 아무것도 받지 못할 거야"라고 스스로를 속이지 말라. 하나님께 구한다는 것은 당신이 하나님의 자녀가 되었다는 뜻이다. 그분의 자녀는 "온갖 좋은 은사와 온전한 선물이 다 위로부터 빛들의 아버지께로부터 내려온다"(약 1:17)는 것을 영적으로 깨닫고 마음으로 이해하여 알고 있다.

야고보 사도는 "구하여도 받지 못함은 … 잘못 구하기 때문이라"(약 4:3)고 말한다. 우리는 어떻게든 원하는 것을 얻기 위해 하나님을 이기겠다는 결심으로 집요하게 구한다. 그러나 그러한 간구는 단지 감상적인 허상일 뿐이다. 우리가 하나님으로부터 오는 것을 구하지 않고 자아실현을 위해 필요한 것을 구한다면, 이는 잘못 구하는 것이다. 그 이유는, 자아실현은 기독교인의 체험과 대립되기 때문이다. 즉, 자아를 실현하면 할수록 우리는 하나님께 구하지 않게 된다.

당신은 하나님께 속한 것을 구하는가, 아니면 자신의 삶을 위해 구하는가? 만일 우리가 개인의 목적을 두고 구한다면 결코 받지 못할 것이다. 이는 결핍함으로부터 구하는 것이 아니라 '정욕'으로부터 구하는 것이기 때문이다.

**찾으라**

찾는 일에 착수하라. 당신의 관심을 이 한 가지에 집중시키라. 당신은 참으로 하나님을 찾고 있는가? 아니면 아무런 열의 없이 부르짖고만 있는가? "찾으라"는 것은 집중하라는 의미이다. 그러면 찾아낼 것이다. 집중하는 것은 그 한 가지 외에 다른 모든 것은 금하는 것이다.

"오호라 너희 모든 목마른 자들아 물로 나아오라"(사 55:1).

당신은 목마른가, 아니면 지금까지의 체험에 만족해 하며 더 이상 하나님을 찾지 않고 의기양양하게 서 있는가? 만일 믿음을 체험 위에 쌓는다면 당신은 비판적이고 차가운 자세를 보이게 될 것이다.

우리는 우리가 발견한 것을 다른 사람에게 줄 수는 없지만, 그들로 하여금 그것을 사모하게 만들 수는 있다. 그러면 삶의 모든 구체적인 일들 가운데 주의 뜻을 행하며 예수 그리스도와의 하나 됨을 드러내게 될 것이다. 이것이 주께서 "내 증인이 되리라"(행 1:8)고 하신 말씀의 뜻이다.

### 두드리라

"하나님을 가까이 하라"(약 4:8).

문이 닫혀 있다. 당신은 문을 두드리면서도 문이 열리지 않을까 봐 초조해 한다.

"손을 깨끗이 하라"(약 4:8).

더 세게 문을 두드리라. 그러면 당신 마음의 더러운 부분이 어디인지 발견하게 될 것이다.

"두 마음을 품은 자들아 마음을 성결하게 하라"(약 4:8).

마음을 성결하게 하라. "슬퍼하며 애통하며 울지어다."
당신은 당신 내면의 상태에 대해 하나님 앞에서 슬퍼한 적이 있는가? 만약 그 자리에 이르게 된다면, 자기 연민은 사라지고 오직 가슴을 치는 애통함과 함께 당신이 누구인지를 발견하고 놀라게 될 것이다.

하나님의 문은 겸손하지 않으면 두드릴 수 없다. 당신은 십자가에 못 박힌 도적과 간교하고 영특한 서기관과 함께 그 문을 두드려야 한다. 그러나 그 문은 두드리는 자에게만 열릴 것이다.

## 13장

# 옛 삶을 떠나보내라

"그런즉 누구든지 그리스도 안에 있으면 새로운 피조물이라 이전 것은 지나갔으니 보라 새것이 되었도다"(고후 5:17).

기독교의 체험은 공상이 아니라 현실에서 실제적으로 적용되는 것이어야 한다. 우리는 하나님께서 우리를 '불안하게' 만들지 않으시는 한, 자신만의 특별한 종교적인 구획 내에서 멋지게 지낼 수 있다. 하지만 하나님께서는 가장 불편한 방법으로 어떤 사건을 대면하게 하심으로써 우리의 보금자리를 휘저으신다. 즉, 우리가 접하는 사람과 상황 등 현실에 실제하는 것들을 통해 우리 삶에 어려움을 자아내신다. 현실 속에서 믿음의 시험을 통과하여 실체의 세계를 접하기 전까지, 우리에게 기독교 체험이라는 것은 없다. 체험은 삶의 시험을 통과하며 누리는 것이다.

### 경외심과 엄숙은 다르다

"우리와 바리새인들은 금식하는데 어찌하여 당신의 제자들은 금식하지 아니하나이까"(마 9:14).

제자들이 금식도 하지 않고 엄숙하지도 않은 것 때문에 비난을 당하자, 예수님은 그들을 위해 변론하셨다. 이때 주께서 하신 말씀을 정리하면 "그들은 엄숙한 분위기를 좋아하지 않는다"라고 할 수 있다.

"예수께서 그들에게 이르시되 혼인집 손님들이 신랑과 함께 있을 동안에 슬퍼할 수 있느냐"(마 9:15).

주께서는 바리새인들을 모독하지 않으려고 조심하시거나 제자들에게도 그들을 모독하지 말라고 조심시키지 않으셨다. 즉, 그 누구의 길에도 걸림돌을 두지 않으셨다. 바리새인들이 주님에 대해 이해하기 어려웠던 한 가지는, 그들이 지독히 엄숙하게 지키는 것들을 주께서는 '흥겹게' 여기셨다는 점이다. 바울이 당시의 종교인들을 헷갈리게 만든 것은 결코 꺾이지 않는 그의 '흥겨움'이었다. 바울은 그들이 심각하게 다루는 모든 것을 유쾌하게 다루었다. 바울은 오직 한 가지에 대해서만 간절했는데, 그것은 바로 '예수 그리스도와의 관계'였다. 바울은 이 부분을 가장 간절하게 여겼던 반면, 당시 종교인들은 그 부분에 대해 전혀 무관심했다.

'경외심'과 '엄숙'은 다르다. 종종 엄숙은 세속적인 마음에 종교적인 겉옷을 입힌 것처럼 된다. 하나님을 향한 경외심으로부터 나오지 않는 엄숙은 그것이 어떤 종류의 엄숙이든 아무 소용이 없다. 바리새인들의 종교적인 엄숙은 예수님께 지독한 모독을 당했다(마 11:18-19 참조). 주께서는 그들의 엄숙에 전혀 관심을 보이지 않으셨다.

기독교는 어린아이와 같은 종교이다. 예수님의 제자라면 어린아이들처럼 외식하지 말아야 한다. 어린아이들은 놀라울 정도로 단순하면서 또 측량할 수 없을 정도로 깊다. 하지만 우리 대부분은 어린아이처럼 되지 않고 도리어 '유치'해진다. 예수님은 "너희가 돌이켜 어린아이들과 같이 되지 아니하면 결단코 천국에 들어가지 못하리라"(마 18:3)고 말씀하셨다.

하나님께서 편견을 어떻게 다루시는지 주목하는 것은, 우리에게 영적이면서도 도덕적인 교육이 된다. 우리는 하나님께서 우리의 편견에 특별한 관심을 가지고 계신다고 착각한다. 그래서 자신의 개념들과 편견들을 확대해 그것들을 보좌에 앉힌다. 또한 하나님이 다른 사람들의 편견은 엄중하게 대하셔도 자신의 편견만은 그렇게 대하지 않으실 것이라고 확신하다.

"하나님께서는 다른 사람들의 편견을 매우 엄중하게 대하셔. 하지만 내가 가진 편견은 주님으로부터 온 것이니 아무런 하자가 없을 거야."

그러나 우리는 전혀 그렇지 않다는 것을 배워야 한다. 하나님께서는 우리의 편견을 지지하시기보다 의도적으로 그 편견을 무시하시며 없애실 것이다. 하나님께서는 우리의 편견에 대항하여 제거해나가실 것이다.

하나님께서는 우리가 그분께 가져가는 그 어떤 것도 귀하게 여기지 않으신다. 주께서는 단 한 가지만 고려하시는데, 그것은 바로 주를 향한 우리의 '무조건적인 항복'이다.

### 예수 그리스도의 덕

> "생베 조각을 낡은 옷에 붙이는 자가 없나니 이는 기운 것이 그 옷을 당기어 해어짐이 더하게 됨이요"(마 9:16).

성령께서 임하셔서 우리의 '본성적인 덕'을 무너뜨리시는 과정은 성도들이 겪는 가장 혹독한 체험 중 하나이다. 자신이 천성적으로 소유한 덕이 아무리 아름답다 할지라도, 그것은 오직 예수의 이름만을 철저하게 의지하는 법을 배울 때까지 부패하게 된다. 본성적인 덕이 어떻게 무너지는지를 주목하는 것은 심오한 교육이다.

그 어떤 본성적인 덕도 예수 그리스도의 요구를 맞추지 못한다. 그러기에 하나님께서는 우리의 본성적인 덕을 쌓으시거나 그것을 매만지시는 것이 아니라 아예 전부 재창조하신다.

"우리가 지닌 모든 덕은 오직 주님뿐일세."

우리 내면의 모든 것이 하나님께서 우리 안에 넣어 주신 새 생명과 조화를 이루면, 우리를 통해 나타나는 덕은 우리의 본성적인 덕이 아니라 주 예수님의 속성이다. 즉, 초자연적인 것이 우리 안에서 자연적인 것이 된다. 하나님께서 우리 안에 넣어 주신 생명은 그 나름대로의 덕을 개발시킨다. 그 덕은 아담의 덕이 아니라 '예수 그리스도의 덕'이다. 예수 그리스도는 결코 자연적인 덕목으로 묘사될 수 없는 분이시다.

만일 그리스도인들이 어떤 편견이나 세련됨, 또는 어떤 자연적인 덕목 및 종교성 같은 것들을 버팀목으로 삼고 있다면, 이는 낡은 옷에 생베 조각을 붙이는 것과 다를 바 없다. 우리는 이 모든 것을 버려야 한다.

"그런즉 누구든지 그리스도 안에 있으면 새로운 피조물이라 이전 것은 지나갔으니"(고후 5:17).

성령께서는 구질서에 속한 그 어떤 것도 남지 않을 때까지 우리 안에서 새로운 피조물을 나타내신다. 이제 우리는 엄숙함과 낡은 사고방식, 본성적인 덕에 대한 낡은 확신을 버리고 새로운 생명을 드러내야 한다.

모든 새로운 것은 하나님의 것이다. 지금은 우리가 새 옷을 입을 때이다.

**새 포도주는 새 부대에**

> "새 포도주를 낡은 가죽 부대에 넣지 아니하나니 그렇게 하면 부대가 터져 포도주도 쏟아지고 부대도 버리게 됨이라 새 포도주는 새 부대에 넣어야 둘이 다 보전되느니라"(마 9:17).

구약 종교의 옛 체계도 하나님께서 제정하신 것이다. 바리새인들이 붙들고 있었던 모든 규정 역시 하나님께서 주신 것이다. 그러나 바리새인들은 그것을 붙들고 자신들이 전능자처럼 행세하며 하나님의 자리를 찬탈했다. 우리는 언제나 '바리새주의'에 빠져들 위험이 있다. 지금 시대에서는 바리새주의가 복음의 형태를 띠고 나타난다. 그것은 가르치는 자가 자기 교리를 가지고 자기 군중 위에서 작은 신이 되는 것이다.

하나님의 나라에 대한 바리새인의 사상은 "하나님은 특별하게 선호하는 자들에게 그 나라를 주셨으며 몇몇 택함 받은 자들이 그 나라의 법을 집행한다"는 것이다. 하지만 예수님의 말씀에 따르면 하나님의 나라는 '사랑'이다. 흔히 사람들은 "사랑이 얼마나 달콤하고 진실한가"라고 말한다! 그러나 사랑은 어디에서 시작하는가? 어떻게 우리가 온유하고 자기 유익을 구하지 않고 성을 내지 않고 악한 것을 생각하지 않는 사랑을 할 수 있겠는가? 이러한 사랑을 위한 유일한 방법은 구시대의 질서가 하나도 남지 않을 때까지 하나님의 사랑이 우리 마음에 부은 바 되는 것이다.

하나님의 사랑은 우리 안에서 놀라운 향기를 뿜어낸다. 그런데 우리가 그 향기를 '병' 안에 넣어 몇몇 친구에게만 주려 한다면 그 병은 깨져 '포도주'를 다 쏟아버리게 될 것이다. 우리는 함부로 말하지 않도록 주의하고 늘 원천되시는 그리스도께 우리의 온 마음을 써야 한다. 때로 우리는 이렇게 말하곤 한다.

"안 돼요. 저는 흘러나가는 것에 신경을 써야 해요. 저는 제 노력을 통해 그곳에서 복이 되어야 해요."

그러나 먼저 예수님을 온 맘 다해 사랑하고 있는지를 살펴보라. 그러면 주께서 친히 흘러나가는 모든 것을 돌봐주실 것이다. 그때에는 낡은 가죽 부대에 담긴 새 포도주가 아니라, 우리 안에 생겨난 새 부대로부터 새 포도주가 넘치게 될 것이다.

당신이 드러내는 사랑은 하나님의 사랑인가, 아니면 자신의 본성적인 사랑인가? 하나님께서는 주께서 사랑하시는 것처럼 사랑할 수 있는 어떤 능력을 우리에게 주시는 것이 아니다. 하나님의 사랑, 즉 하나님의 성품 그 자체가 우리를 사로잡아 우리를 통해 그 사랑을 나타내는 것이다.

인간은 얼마나 어설프게 상황을 조작하는지 모른다.

"나는 이것저것을 해야 하고 이 사람은 이것저것을 해서는 안 돼!"

만약 당신이 이렇게 한다면, 하나님께서는 당신이 멋대로 하게 내버려 두실 것이다. 그러면 당신은 "이렇게 저렇게 하는 게 상식이야"라고 말하면서 자신의 상식을 전능하신 신으로 만들어 버릴 것이다. 그러나 하나님께서는 반드시 다시 돌아오셔서 당신이 멋대로 행한 것들의 결과를 물으실 것이다.

구질서에 속한 것들이 남아 있게 하지 말라. 하나님께서는 우리 내면에 있는 모든 것을 철저하게 재창조하셔서 '모든 것이 하나님께 속한 것'이 되게 하신다.

하나님께 간절히 간구한다. 우리가 하나님을 도우려는 착각에서 벗어나, 오직 주께서 원하시는 것을 행할 수 있도록 우리 마음과 삶 전체를 주께 드리게 해달라고 말이다.

## 14장

# 예수께 나아와 쉼을 얻으라

"수고하고 무거운 짐 진 자들아 다 내게로 오라 내가 너희를 쉬게 하리라"(마 11:28).

### 예수님을 만나면 모든 것이 변한다

"다 내게로 오라"(마 11:28).

삶에서 중요한 질문들은 그리 많지 않다. 그리고 모든 중요한 질문의 답은 오직 한 가지 "다 내게로 오라"이다. "이것을 하라", "이것을 하지 마라"가 아니라 "오라!"이다.

"수고하고 무거운 짐 진 자들아 다 내게로 오라"(마 11:28).

왜 "수고"인가? 수고라는 단어는 바라는 것과 이상이 아직 실현되지 않아 실체를 접하지 못한 마음을 그려내고 있다. 그리고 영혼 안에 슬픔이 침투해 들어온 것을 묘사한다.

"나는 거룩함에 대해 생각하고 있어. 하나님께서 죄로부터 나를 구원해 주시고 성령을 주신 것, 그리고 어둠을 빛으로 바꿔 주신 것에 대해서도 생각하고 있어."

우리는 종종 이렇게 말한다. 하지만 당신은 정말로 현실 가운데 거룩해졌는가? 실제로 죄와 슬픔, 비천함으로부터 구원받았는가? 당신을 불신자처럼 만드는 여러 것들로부터 실제로 구원받았는가? 만일 그렇지 않다면, 당신은 기독교적인 체험을 아직 하지 못한 것이다.

예수님은 "내게로 오라"고 말씀하신다. 우리의 삶은 그분께 감으로써 그분 안에서 계시된 실체와 조화를 이루게 될 것이다. 죄와 슬픔이 멈추고 자신 안에서 주의 노래가 시작되는 것을, 주께서 죄인을 성도로 변화시키신 것을 실제로 발견하게 될 것이다. 이러한 실제적인 체험을 원한다면, 우리는 반드시 예수님께 나아가야 한다. 주께서는 친히 자신을 우리 삶의 표준으로 만드신다.

당신의 마음과 생각에 완고함이 있는지 주의하라. 어쩌면 "오라"는 단순한 일보다는 뭔가 다른 일을 하려는 자신을 발견하게 될지도 모른다. 부디 "오라"는 것을 행할 만큼 어리석은 자가 되라.

예수님이 하신 말씀에 당신 자신을 헌신하라. 주께 나아가는 자세는 모든 것을 다 내려놓고 온 맘과 뜻을 다해 모든 것을 주님께 의탁하는 것이다.

우리는 가장 기대치 않는 때에 "내게로 오라"는 주의 속삭임을 듣게 될 것이다. 그리고 그분께 이끌리게 될 것이다. 예수님을 만나면 모든 것이 변한다! 주께서는 우리의 죄악과 슬픔, 어려움을 보시면서 단 한마디, "오라"는 말씀으로 답변하신다.

"내가 너희를 쉬게 하리라"(마 11:28).

'쉼'은 '움직임의 완전함'을 의미한다. "내가 너희를 쉬게 하리라"는 말씀은 "내가 너를 머물게 하리라"는 뜻과 같다. 하지만 이는 "내가 너를 침대에 누여 네 손을 잡고 잠들 때까지 자장가를 불러 주겠다"는 뜻이 아니라 바로 다음과 같은 뜻이다.

"내가 너를 침대에서 끄집어낼 것이다. 게으름과 피로로부터 끄집어낼 것이며 살아 있는 것 같으나 죽어 있는 그 상태에서 끄집어낼 것이다. 네게 영을 부어 주어 네가 생동하는 완벽한 활동의 상태에 머물게 하겠다."

고갈에서 벗어나려면 반드시 원기가 회복되어야 한다. 신체의 건강은 생명과 외부의 상황 사이에 정확한 균형을 나타내기에 즐거움이 된다. 그러나 질병은 생명력이 외부의 상황을 감당하지 못하는 것을 의미한다.

도덕적으로도 마찬가지이다. 아무도 본성적으로는 훌륭한 덕을 이루지 못한다. 덕은 갈등을 이겨낸 후에 따라오는 결과이다. 그래서 덕에 속하지 않은 모든 것은 원수가 되고, 그 둘이 부딪힐 때 도덕적인 결정을 내리게 되는 것이다.

영적으로도 마찬가지이다. 영적이지 않은 모든 것은 우리를 망가뜨리려 한다. 예수님은 "세상에서는 너희가 환난을 당하나 담대하라 내가 세상을 이기었노라"(요 16:33)고 말씀하셨다. 우리에게 필요한 것은 영적인 담대함이다. 사람들은 영적인 불평꾼들이 되어 '주의 뜻을 위해 고난당하는 것'에 대해 가련하게 생각하며 말한다. 그러한 모습 속에 하나님의 아들의 위엄 있는 생동감과 힘이 어디에 있는가!

"다 내게로 오라 내가 너희를 쉬게 하리라"(마 11:28).

즉, "내가 네게 영을 부어 주어 네가 완벽한 활력 가운데 머물게 하리라"는 뜻이다.

믿음은 수학적인 문제가 아니다. 믿음의 속성은 '시련'을 통과하는 것이다. 우리 중에 몇이나 '비 오는 날에 금'을 쌓고 있는가? 믿음의 시련을 통과할 때, 우리는 하늘의 은행 계좌에 엄청난 부를 쌓게 될 것이다. 시련을 만나면 만날수록 하늘에서 더 큰 부자가 될 것이다.

**교만과 이기심이 제거된 자리에 새 이름이 새겨진다**

"(나와 함께) 와서 보라"(요 1:39).

"그들이 가서 계신 데를 보고 그 날 함께 거하니"(요 1:39).

우리 중에 몇몇은 이러한 체험을 한다. 하지만 현실로 돌아와서는 다시 예전처럼 자신의 유익을 구하며 살아간다. 그러면 주님과 함께 거하는 삶은 끝이 난다. 우리는 우리가 어디에 있든 그분 안에 거하는 것을 배워야 한다.

"예수께서 보시고 이르시되 네가 요한의 아들 시몬이니 장차 게바라 하리라 하시니라"(요 1:42).

예수님은 교만과 이기심을 제거하신 자리에 새 이름을 새기신다. 주의 제자는 그의 삶 '전체'에 새 이름이 기록된 자들이다. 그들 안에 있는 이기심과 교만은 철저하게 지워졌다. 교만은 자신을 신성화하는 것으로, 오늘날 사람들은 바리새인의 교만이 아니라 세리의 교만을 따르고 있다. 즉, "나는 결코 성도가 될 수 없어"라고 말한다. 그리고 이 말은 교만한 인간들에게 곧잘 받아들여진다. 사실 이 말은 하나님을 향한 무의식적인 모독이다. 하나님께서 나를 성도로 만드시는 것에 대해 반항하는 것이기 때문이다.

우리는 종종 "하나님께서 나를 구원하셔서 곧바로 하늘로 데려가신다면 정말 잘할 수 있을 텐데"라고 말한다. 하나님께서 하시려는 것이 바로 정확하게 그것이다! 단지 주 예수께 나아가 그분과 함께 거하라. 그러면 삼위일체 하나님께서 당신과 함께 거하실 것이다. 이를 믿는가? 당신은 아무런 조건을 두지 말고 주께서 모든 것을 행하시도록 허락하라. 그러면 주께서 당신을 데리고 그분이 계신 곳으로 데려가 하루가 아닌 영원히 함께 거하실 것이다. 그때 교만과 이기심은 제거될 것이며 오직 예수님과 일치되는 참된 관심만이 남게 될 것이다.

**자신의 모든 권리를 내려놓으라**

"나를 따라오라"(막 1:17).

만일 당신이 예수님을 따라가면, 주께서 당신의 '자연적인 애착'에 대해 아무 관심이 없다는 것을 깨닫게 될 것이다. 우리가 주님께 나아가는 것을 가장 많이 방해하는 것 중에 하나가 바로 '기질에 대한 대화'이다. 나는 하나님의 영이 사람의 기질에 관심을 가지시는 것을 결코 본 적이 없다. 반면 사람들은 자신들의 기질과 자연적인 애착 때문에 주님께로 나아가지 못하는 일이 너무 많다.

우리는 '주께서는 우리의 특정한 애착에 아무 관심이 없으시다'

는 사실을 알아야 한다. 주께서 그러한 것들에 관심을 가지신다는 착각은 내 재능을 하나님께 바쳐야 한다는 인식 때문에 그런 것이다. 우리가 하나님께 드릴 수 있는 유일한 것은 '자신에 대한 권리'(롬 12:1)뿐이다. 만일 우리가 하나님께 그 권리를 드린다면 주께서는 우리에게 거룩한 실험을 하실 것이다. 그리고 그 실험은 언제나 성공할 것이다.

제자의 유일한 표지는 '독창적인 도덕성'이다. 하나님의 영은 그들 안에서 끊임없이 신선한 물이 솟아나는 샘과 같다. 우리는 하나님께서 상황을 주관하신다는 사실을 깨닫기 시작할 때, 더 이상 불평하지 않을 것이며 예수님께 무작정 모든 것을 내어맡기게 될 것이다. 결코 당신 자신의 체험으로부터 어떠한 원칙도 만들어 내지 말라. 하나님께서 당신과 함께 하신 것처럼 그들과도 독창적으로 함께 하시도록 하라.

"다 내게로 오라"(마 11:28).

당신은 주께 나아갔는가? 아니라면 지금 나아가겠는가? 만일 당신이 주께 나아와 당신 자신을 드린다면 이제 주께서는 당신을 통해 다른 사람들에게 "오라"고 말씀하실 것이다.

만일 당신이 하나님의 종을 통해 예수 그리스도께 나아왔다면, 당신은 당신을 인도해 준 종이 아니라 오직 주님만 생각할 것이다. 이는 그 하나님의 종이 예수 그리스도와 철저하게 하나 되었기 때문이다. 누군가가 예수님께 나아오는 것은 당신을 통해서가 아니다. 당신을 통해 말씀하시는 '주의 말씀'을 통해서임을 명심하라. 당신의 삶은 "오라" 하시는 주님의 음성을 메아리치는 역할을 잘하고 있는가?

## 15장

# 지금 바로 행하라

"그러므로 너희가 더욱 힘써 … (더하라)"(벧후 1:5-7).

우리는 주의 약속을 통해 신의 성품에 동참하게 되었다(벧후 1:4 참조). 이제 베드로가 말한다.

"더욱 힘써 … 더하라"(벧후 1:5-7).

즉, 온 마음을 다해 집중하여 성도의 거룩한 습관을 형성하라는 뜻이다. 어느 누구도 습관을 가지고 태어나지는 않는다. 모두 살아가면서 습관을 형성하게 된다. 우리가 가장 쉽게 형성하는 습관은, 누군가의 행동을 보고 흉내 내면서 만드는 습관이다. 처음에 습관을 만들 때는 그 습관을 의식하게 된다. 스스로가 덕스럽고 경건해지는 것을 의식할 때가 있다. 그러나 이것은 과정일 뿐이다. 만일 우리가 이렇게 의식하는 단계에서 멈춘다면 영적으로 교만한 자리에 서게 될 것이다.

### 지겹고 고된 일의 영역에서

"수건을 가져다가 허리에 두르시고 … 대야에 물을 떠서 제자들의 발을 씻으시고 그 두르신 수건으로 닦기를 시작하여"(요 13:4-5).

당신은 고된 일의 영역에 들어가기를 원치 않는가? 고된 일은 성품을 빚는 시금석이다. 덕 있는 사람이 된다는 것은 고된 일을 한다는 뜻이다. 필요에 의해 하는 것은 덕이 아니다. 덕은 반드시 갈등을 이긴 결과로 생겨난다. 덕스러운 사람은 그 갈등을 싸워 이겨 덕을 더한 것이고, 그 덕은 사람의 결심이 아니라 신성의 바탕 위에 더하여진다.

우리의 신앙생활에서 가장 큰 장애는 '큰일을 찾는 것'에 있다. 그러나 예수 그리스도는 "수건을 가져다가" 섬기셨다. 우리는 '광채를 내는 특별한 존재'가 되도록 부름 받은 것이 아니라 일상에서 평범한 것들을 통해 하나님의 은혜의 놀라움을 드러내라고 부름 받았다. 신앙생활의 덫은 금테를 두르는 순간을 바라보거나 황홀한 순간들을 추구하는데 있다.

어떤 스릴도 깨달음도 없을 때가 있다. 남의 발을 닦아 주는 고된 일을 해야 하는 때도 있다. 이러한 일상이야말로 가장 중요하다. 우리는 주께서 항상 황홀한 순간들을 주실 것이라고 기대해서는 안 된다.

**결단의 영역에서**

"내 안에 거하라"(요 15:4).

우리가 열매를 맺는 비결은 '예수님 안에 거하는 것'이다. 예수님은 영적인 문제이든 돈 문제이든 인생과 관련된 모든 문제에 있어서 "내 안에 거하라"고 말씀하신다. 이때 우리는 종교적인 눈가리개를 쓰지 않도록 주의해야 한다.

"나는 이러한 부류의 만남이나 저러한 특별한 상황 속에서는 멋지게 지낼 수 있어요."

아니다. 신앙생활은 삶의 어떤 부분만을 사람들에게 보여 주기 위한 것이 아니다. 우리는 삶 전체로 신앙생활을 해야 한다. 당신은 하나님과의 관계를 방해하는 상황이 있다고 여기는가? 그러한 생각은 무례한 것이다. 우리는 상황이 어떠하든지 그리스도 안에 분명히 거할 수 있다.

우리는 스스로 상황을 바꾸거나 조작할 수 없다. 우리의 주요 스승이신 예수님께서는 결코 자신의 상황을 고르지 않으셨다. 주께서는 그분을 위해 상황을 주관하시는 아버지의 모든 조치에 대해 온유하셨다. 또한 그분의 몸이 어디에 있든 아버지와 평안한 관계를 유지하셨다. 우리 주님이 얼마나 대단하셨는지 생각해 보라! 주께서는 30년 동안 아무 일도 하지 않으셨다. 우리는 하나님께 황홀하고 흥분된 시간만을 요구하지만 "그리스도와 함께 하나님 안에 감추어진"(골 3:3) 생명의 평온함은 우리 가운데 찾아볼 수 없어 참으로 안타깝다.

"내 안에 거하라"(요 15:4).

그리스도 안에 거하는 당신을 그곳에서부터 나오게 만드는 것들이 무엇인지 생각해 보라.

"주님, 저는 이 일만 마치면 주 안에 거할 거예요. 그러나 지금은 이 일을 먼저 해야 해요. 이번 주가 끝날 때쯤 시간이 날 것 같아요."

아니다. 지금 당장 움직여라! 지금 주 안에 거하기 시작하라. 주 안에 거하는 첫 단계에서는 끊임없는 노력이 필요하다. 그러한 노력이 지속되면 어느새 주 안에 거하게 될 것이고, 그러한 거함은 삶의 법이 될 것이다. 당신은 실제 삶 가운데 주 안에 거하고 있는가? 당신이 있는 그 자리에서 열매를 맺고 있는가? 예수님은 당신이 있는 바로 그 자리에서 하나님이 영광을 받으신다고 말씀하신다.

당신의 마음이 예수님께 머물러 있는가? 당신은 주 안에 거하는 가운데 깊이 생각하며 사는가? 이러한 삶은 심장을 멈출 듯한 두려움의 상태에서도 우리를 자유롭게 해 준다. 주님은 결코 두려움에 빠진 적이 없으셨다. 그 이유는 항상 하나님 안에 거하셨기 때문이다. 우리를 예수님 안에 거하지 못하도록 만드는 것은 '파리 떼의 재앙' 처럼 정신적으로, 도덕적으로, 영적으로 우리를 괴롭히는 것들이다. 인간의 교만 안에는 큰 어려움을 견디어 낼 수 있는 어떠한 것이 있다. 그러나 성도는 작은 사건 속에서도 하나님의 초자연적인 은혜와 힘을 필요로 해야 한다.

우리가 작은 일에 순종하는 것도 그 배후에는 하나님의 은혜와 전능하신 모든 능력이 있기 때문이다. 우리가 하나님께서 모든 상황을 주관하신다는 것을 믿고 순종함으로써 모든 의무를 행한다면, 그 순간 하나님의 모든 은혜는 우리의 것이 될 것이다. 이것이 그 어려운 '더하는 것'이다.

우리는 지겹고 고된 영역 안에서 하나님의 능력으로 살아야 하고, 우리가 있는 그곳에서 그리스도 안에 거하는 법을 배워야 한다. 하나님께서는 우리에게 예수님의 영을 주셨다. 하지만 예수님의 마음을 주신 것은 아니다. 그리스도의 마음은 우리가 형성해야 하는 마음이다. 예수님의 영이 속죄에 의해 우리에게 주어지면, 우리는 인내함으로써 주님의 마음과 같은 마음을 형성해나가야 한다. 하나님께서는 우리가 저절로 예수님처럼 생각하도록 하지 않으실 것이다. 우리 스스로 "모든 생각을 사로 잡아 그리스도에게 복종하게 하는"(고후 10:5) 그 일을 해야 한다. 베드로는 "더하라"고 권하고 있는데, 이는 하나님께서 우리 안에 넣어 주신 새 생명을 바탕으로 덕스러운 습관들을 만들라는 뜻이다.

### 헌신의 영역에서

"너희는 내가 명하는 대로 행하면 곧 나의 친구라"(요 15:14).

하나님께서는 사람을 지으셔서 그분의 "친구"가 되게 하셨다. 만일 우리가 예수님의 친구라면 주를 위해 온 마음을 다해 또 조심스럽게 자신의 삶을 내려놓아야 한다. 이것은 어려운 일이지만 참으로 다행스러운 일이다! 예수님과 친구가 되면, 우리는 주께 받은 사랑을 만나는 모든 사람에게 드러내야 한다. 하나님께서 당신에게 누구를 만나게 하시는지 주목해 보라. 아마도 당신은 '내가 주께 어떠한 사람이었는가'를 돌이켜 볼 수 있는 그런 사람을 만나게 하신다는 것을 발견하게 될 것이다.

"너는 나의 자녀이며 나의 독생자 예수의 친구로다. 자, 그 괴팍한 사람에게 내가 네게 보여 주었던 그 사랑을 보여 주거라. 너 역시 그 때에는 내게 그러한 사람이었다. 네가 이기적이고 독선적일 때 내가 네게 보여 주었던 그 사랑을 정확하게 그 이기적이고 독선적인 사람에게 보여 주거라."

우리는 인생 속에서 '굴욕의 떡'을 얼마든지 먹을 수 있어야 한다. 이때 우리는 이 모든 일 가운데 하늘 아버지의 뜻을 계속해서 인식하게 될 것이다. 그러면 하나님께서 무슨 일을 하시는지 다 알기에 영적인 미소를 지으며 견뎌 나가게 될 것이다.

이제 우리는 우리가 주의 친구인 것을 증명할 기회를 얻었다. 당신이 주의 친구로서 행한다면, 사람들은 "그는 찌를수록 더 향기가 난다"라고 말하게 될 것이다.

## 16장

# 죄가 주장하지 못하게 하라

"또한 너희 지체를 불의의 무기로 죄에게 내주지 말고 오직 너희 자신을 죽은 자 가운데서 다시 살아난 자 같이 하나님께 드리며 너희 지체를 의의 무기로 하나님께 드리라 죄가 너희를 주장하지 못하리니 이는 너희가 법 아래에 있지 아니하고 은혜 아래에 있음이라 그런즉 어찌하리요 우리가 법 아래에 있지 아니하고 은혜 아래에 있으니 죄를 지으리요 그럴 수 없느니라 너희 자신을 종으로 내주어 누구에게 순종하든지 그 순종함을 받는 자의 종이 되는 줄을 너희가 알지 못하느냐 혹은 죄의 종으로 사망에 이르고 혹은 순종의 종으로 의에 이르느니라 하나님께 감사하리로다 너희가 본래 죄의 종이더니 너희에게 전하여 준 바 교훈의 본을 마음으로 순종하여 죄로부터 해방되어 의에게 종이 되었느니라"(롬 6:13-18).

"그럴 수 없느니라 죄에 대하여 죽은 우리가 어찌 그 가운데 더 살리요"(롬 6:2).

우리는 체험이 아니라 예수 그리스도의 완전한 속죄의 바탕 위에 우리의 믿음을 세워야 한다. 만일 우리의 믿음을 체험 위에 세운다면 우리는 우리의 '결벽성'에 우리 눈을 고정시킨 채, 가장 비성경적인 거룩함을 좇으며 고립된 삶을 살아갈 것이다.

만일 우리의 사고를 속죄의 바탕 위에 세우지 않는다면 우리는 믿음 그 자체를 의식하는 믿음을 갖게 될 것이다. 이러한 믿음은 세상에서 영향력을 발휘할 수 없는 발작적이고 부정한 믿음이다. 속죄에 기초하지 않는 모든 경건을 주의하라. 이러한 경건은 아무런 쓸모가 없고 단지 은둔적인 삶으로 이끌 뿐이다. 또한 하나님께 무용하고 사람에게는 거추장스러운 것이다. 우리는 예수 그리스도의 완성되고 완벽한 속죄 위에 결코 흔들리지 않는 믿음을 세울 것을 결단해야 한다.

"이와 같이 너희도 너희 자신을 죄에 대하여는 죽은 자요 그리스도 예수 안에서 하나님께 대하여는 살아 있는 자로 여길지어다"(롬 6:11).

우리 중에 몇이나 이 말씀을 믿으며 기도하고 경건 생활을 하고 있는가? 기도와 경건 생활도 우리가 바른 기초 위에 서 있는지를 알려 주는 증거이다.

속죄만이 당신 삶을 주관하고 있는가?

**당신의 몸을 주께 드리라**

"너희 지체를 의의 무기로 하나님께 드리라"(롬 6:13).

우리가 해야 할 일이 있다. 그것은 우리의 지체를 하나님께 드리는 일이다. 당신은 구원 받은 영혼으로써 당신의 몸을 하나님께 드렸는가?

"너희 몸을 하나님이 기뻐하시는 거룩한 산 제물로 드리라"(롬 12:1).

바울은 "네 모든 것을 드리라"고 하지 않고 "네 몸을 드리라"고 말한다. 만일 당신이 이 말씀에 순종한다면 당신은 당신의 몸을 죄악으로부터 보호할 수 있을 것이다. 죄는 인간의 본성 안에 살고 있지만 그곳에 살 권한은 없다. 그 이유는 하나님께서 사람을 창조하실 때 인성에 속하여 있지 않았기 때문이다. 죄의 성향을 부인하라. 죄를 십자가 있는 곳으로 가져가 못 박으라(롬 6:6 참조). 죄, 곧 당신 자신에 대한 권리가 당신을 더 이상 주관하지 못하도록 하라. 죄의 성향을 부인하고 예수 그리스도께서 당신을 다스리시도록 하라. 결코 몸의 그 어떤 지체라도 "이렇게 해야 한다"라고 주장하지 못하도록 하라.

### 죄가 몸을 지배하지 못하게 하라

"죄가 너희를 주장하지 못하리니"(롬 6:14).
"너희는 죄가 너희 죽을 몸을 지배하지 못하게 하여"(롬 6:12).

즉, 죄가 당신의 몸에 명령을 하지 못하도록 하라는 뜻이다. 죄는 독재자처럼 몸의 지체를 주관하면서 내면의 순종을 요구한다. 우리는 속죄에 아무것도 더할 수 없고 우리의 구원을 위해 아무것도 할 수 없다. 하지만 반드시 죄로부터 구원 받은 사실을 삶으로 나타내야 한다. 만일 당신이 이 구원의 문제에서 순종한다면 속죄 안에는 아무런 속박이 없음을 깨닫게 될 것이다.

"이와 같이 너희도 너희 자신을 죄에 대하여는 죽은 자요 그리스도 예수 안에서 하나님께 대하여는 살아 있는 자로 여길지어다"(롬 6:11).

### 속죄의 효력을 삶에서 나타내라

"그런즉 어찌하리요 우리가 법 아래에 있지 아니하고 은혜 아래에 있으니 죄를 지으리요 그럴 수 없느니라"(롬 6:15).

예수 그리스도께서는 그분의 속죄가 우리의 가정 및 직장에서 인식되기를 원하신다. 당신은 이를 알고 있는가? 우리는 반드시 순종을 통해 하나님의 은혜를 헛되이 받지 않았음을 증명해야 한다. 끊임없이 당신을 심판대 위에 세우고 물으라.

"여러 문제 가운데 속죄의 효력이 나타나고 있는가?"

우리 안에 나타나는 하나님의 은혜는 야단스럽지 않는 실천적인 방법 안에서 속죄의 효력이 나타나는 것을 말한다. 인간의 섣부른 조작들과 상식에 서 있는 도덕주의는 속죄와 겨루는 세력으로서 성도 안에 있는 예수님의 생명에게 가장 큰 원수이다.

"속죄의 효력이 음식을 먹거나 하는 평범한 일에서 나타나는 것을 뜻하는 것은 물론 아니겠지!"

하지만 속죄의 효력이 그러한 일에서 나타나지 않는다면 아무 곳에서도 나타나지 않을 것이다. 삶을 부인하는 경건을 주의하라. 그것은 사기이다. 태양 아래에서는 모두가 환해 보인다. 예수님은 태양이 없는 곳, 즉 어둠과 압박이 거센 현실 속에서 우리가 빛을 내기를 원하신다.

## 하나님을 첫째로 두라

"너희 자신을 종으로 내주어 누구에게 순종하든지 그 순종함을 받는 자의 종이 되는 줄을 너희가 알지 못하느냐"(롬 6:16).

당신의 마음은 무엇 때문에 갈등하는가? 예수께서 말씀하실 때, 결코 그분을 향해 "끝까지 따져 봅시다"라고 말하지 말라. 어떤 사람들은 기도회 때나 묵상 시간 때에만 하나님께 순종한다. 그들은 결코 식사하는 일이나 업무 등에서 순종을 생각하지 않는다. 당신은 하나님의 법을 들여다보며 즐거워하는가? 그러나 그 내용을 일상적인 일에 적용하는 것을 망각한다면, 당신의 신앙생활은 실패하고 말 것이다(약 1:22-25 참조).

어려운 일이 발생하면 당신은 좌절하는가, 아니면 가장 먼저 하나님을 생각하는가? 하나님을 생각한다면 종교적으로 생각하는가, 감상적으로 생각하는가? 이것도 아니면 실재하시는 분으로 생각하는가? 기도한다고 해서 하나님을 첫째로 두는 것은 아니다. 기도는 우리의 마음이 하나님께 고정되어 있다는 증거이다. 우리는 하나님을 가장 먼저 생각하는 습관을 가져야 한다. 처음에는 이 일을 의식적으로 해야 한다. 이 과정에서의 함정은 이성을 첫째로 두는 것이다. 예수님은 "하나님을 첫째로 두라"고 말씀하신다. 아무리 작은 일이라도 그 일을 하나님보다 앞세울 때, 당신과 하나님 사이에는 거리가 생길 것이다. 한 번의 짜증만으로도 속죄를 망각하기에 충분하다.

### 순종의 기쁨을 누리라

"너희에게 전하여 준 바 교훈의 본을 마음으로 순종하여"(롬 6:17).

순종할 때마다 하나님의 초자연적인 은혜의 기쁨이 나타난다. 절대적인 신성은 우리가 순종하는 즉시 우리 편에 선다. 따라서 순종과 하나님의 은혜는 동시에 발생한다. 속죄와 상관없는 순종은 매우 불합리한 것이다. 그 이유는, 순종은 우리가 모든 것을 속죄에 걸었다는 사실을 의미하기 때문이다. 이러한 순종이 나타나면 하나님의 초자연적인 은혜의 기쁨이 발생한다. 속죄에 근거하지 않으면 어떠한 행동도 하나님을 기쁘시게 할 수 없다.

### 그리스도 안에서 삶을 살아내라

"죄로부터 해방되어 의에게 종이 되었느니라"(롬 6:18).

우리는 죄로부터 해방되어 의의 종이 되었다. 그러니 이제 죄는 고작 골목 깡패에 불과하다. 죄는 그리스도의 십자가에서 죽었다. 죄는 주 안에 살아가는 자들에게 아무런 힘을 행사할 수 없다. 그들은

"무슨 일에든지 대적하는 자들 때문에 두려워하지 아니한다"(빌 1:28).

우리는 "주의 교훈과 훈계로 양육되어야"(엡 6:4) 한다. 배워야지 더 배울 수 있다. 그리고 더 배울수록 영적으로 성장하고 더욱 하나님을 영화롭게 할 수 있다. 당신은 무엇이라도 배운 적이 있는가? 그 무엇보다 하나님을 배우는 삶은 즐거운 삶이다. 또한 이러한 삶은 분별을 훈련시키는 삶이다. 하나님께서는 우리를 그분의 전시실에 두지 않으신다. 우리는 주께서 우리를 사용하셔서 그분의 기업(企業)을 위한 놀라운 역사를 나타내시도록 하기 위해 지금 이곳에 있다.

우리는 그리스도 안에서 삶을 살아내야 하는데, 그것이 억지로 끌려가는 것이 되어서는 안 된다. 그러면 부담이 너무 커서 스스로 침체될 것이다. 삶을 그리스도 안에서 살아낼 수 있는 유일한 곳은 바로 지금 내가 있는 곳이다. 우리는 수많은 일들이 벌어지는 그곳에서 하나님이 모든 상황을 주관하신다는 것을 기억하면서 그리스도 안에서의 삶을 살아내야 한다. 우리가 주께 쓰일 수 있는 유일한 곳은 지금 내가 있는 곳이지 다른 곳이 아니다. 하나님께서는 분명하고 구체적인 사건들 안에서 함께 하신다.

당신은 속죄라는 영원한 사건을 바탕으로 믿음을 쌓아가고 있는가? 주께서 그분의 목적을 이루시도록 헌신되어 있는가? 아니면 스스로 독특한 종교 생활을 하면서 수많은 비참한 자들 중 한 사람이 되어 가고 있는가? 우리는 우리의 모든 종류의 체험을 주 예수 그리스도와 그분의 속죄를 표준으로 하여 평가해야 한다. 우리는 하나님께서 그리스도를 통해 이루신 구속이라는 위대한 사건 위에 우리의 삶과 믿음을 세우고 끊임없이 구속을 붙들어야 한다. 만일 예수 안에서 살아가는 것에 실패하고 오직 체험 위에 믿음을 세운다면, 더 많은 체험을 얻을수록 예수 그리스도는 희미해질 것이다.

# 17장

# 아버지의 온전하심 같이 온전하라

"이같이 한즉 하늘에 계신 너희 아버지의 아들이 되리니 이는 하나님이 그 해를 악인과 선인에게 비추시며 비를 의로운 자와 불의한 자에게 내려주심이라 너희가 너희를 사랑하는 자를 사랑하면 무슨 상이 있으리요 세리도 이같이 아니하느냐 또 너희가 너희 형제에게만 문안하면 남보다 더하는 것이 무엇이냐 이방인들도 이같이 아니하느냐 그러므로 하늘에 계신 너희 아버지의 온전하심과 같이 너희도 온전하라"(마 5:45-48).

## 자기 자신을 더욱 부인하라

"이같이 한즉 하늘에 계신 너희 아버지의 아들이 되리니"(마 5:45).

성경에 따르면, 자기의 유익을 구하는 것은 이 땅에서 시작하지 않고 하늘에서 시작해 하늘로부터 쫓겨났다. 자기 유익은 하늘에 있을 자격이 되지 않기 때문이다. 또한 이것은 다시는 하늘로 돌아가지 못할 것이다. 만일 우리가 주께서 요구하시는 그리스도인이 되고자 한다면, 다른 어떤 것들보다 자기 자신을 부인해야 한다. 주께서는 결코 우리에게 죄를 부인하라고 가르치지 않으셨다. 죄는 멸절되어야 하는 것이지 부인하는 것이 아니다. 죄악 된 것은 무엇이든 결코 선할 수 없다.

"이에 예수께서 제자들에게 이르시되 누구든지 나를 따라오려거든 자기를 부인하고"(마 16:24).

주께서는 '자연적인 자아'가 부인될 때 '영적인 자아'가 될 수 있다고 말씀하셨다. 그리고 내 자아에 대한 권리, 곧 자아실현에 대한 권리 및 방종에 대해 죽어야 한다고 가르치셨다. 죄와 자아는 같은 것이 아니다. 죄는 하나님께서 지으신 인간의 본성에 속해 있지 않다. 아담은 창조되었을 때 '순진'했다. 하나님은 아담 스스로 도덕적으로 발전해나가도록 하셨다. 즉, 그의 자연적인 생명이 순종에 의해 영적인 생명으로 승화되도록 의도하셨다. 그러나 아담은 순종하기를 거절했다.

　반면, 주님께서는 계속적으로 자연적인 것을 부인하시고 순종에 의해 그것을 영적인 것으로 변화시키셨다. 주님께서 먹고 마신 행위마저도 아버지의 뜻에 계속적으로 복종하는 행위들이었다(마 4:2-4 참조). 자연적인 삶은 희생을 통해 영적인 삶으로 승화된다. 희생의 의미는 내 자신에게 최고의 것을 주는 것을 부인하고 하나님께 바치는 것이다. 그러면 주께서는 그것을 주님과 우리의 영원한 소유가 되게 하신다.

### 기도에 더욱 헌신하라

"주여 … 우리에게도 가르쳐 주옵소서"(눅 11:1).

"쉬지 말고 기도하라"(살전 5:17).

　결코 어떤 것에 대해 기도하겠다고 떠들지 말라. 그냥 그것에 대해 잠잠히 기도하라.

　기도에 대한 주님의 교훈은 놀랍도록 단순하고 동시에 놀랍도록 심오하다. 그래서 예수님의 의도를 놓치기 쉬운데, 우리가 저지르는 가장 큰 위험은 주님이 기도에 대해 하신 말씀을 희석시켜 상식적인 의미로 만드는 일이다. 만일 기도에 대한 주의 교훈이 단지 상식적인 것이라면 왜 교훈하셨겠는가. 주께서 가르치신 기도에 대한 교훈은 '초자연적인 계시'이다. 기도는 본성적인 삶의 부분이 아니다.

우리는 종종 "기도하지 않는 사람은 고통당할 것이다"라는 말을 듣곤 한다. 하지만 나는 정말 그러한지 의심이 간다. 고통은 사람 안에 있는 하나님의 아들의 생명이 당하는 것인데, 그 생명은 음식이 아니라 기도로 영양분을 공급 받는다. 사람이 위로부터 거듭나면, 하나님의 아들의 생명이 그 사람 안에서 잉태된다. 그 후 그는 그 생명을 굶주리게도 할 수 있고 영양분을 공급할 수도 있다. 기도는 하나님의 아들의 생명이 영양분을 공급 받는 방법이다. 하나님께서 그렇게 정해 놓으셨기 때문에 구속에 기초한 기도는 사건들을 바라보는 관점을 바꾸어 놓는다. 기도는 외부의 상황을 바꾸는 일이 아니라 사람의 성향 안에서 기적을 만들어 내는 일이다.

기도로 인해 나타나는 한 가지 큰 효력은 영혼이 몸을 다스릴 수 있게 되는 것이다. 나는 순종을 통해 내 몸을 내 영혼에 굴복시킨다. 반면 기도는 내 영혼이 내 몸을 다스릴 수 있게 한다. 몸을 굴복시키는 것과 몸을 다스릴 수 있는 것은 다른 것이다. 내가 내 몸에게 명령할 때 내 몸은 나의 아군이 되며 이로 인하여 내 영적 삶은 더욱 진보하게 된다.

"구하기 전에 너희에게 있어야 할 것을 하나님 너희 아버지께서 아시느니라"(마 6:8).

만일 하나님께서 보시기에 우리가 구하는 것이 영적 삶의 진보를 일으킨다면 반드시 그것을 주실 것이다. 그러나 그러한 기도 응답이 기도의 목표는 아니다. 기도의 목표는 내가 하나님을 더욱 알게 되는 것이다. 만일 내가 하나님과의 관계에서 벗어나기 위해 내 몸의 필요를 채운다면, 그러한 필요는 언제나 나로 하여금 내 자신에게 병적인 관심을 갖게 만들 것이며 더 나아가 마귀의 노리개가 되게 할 것이다. 우리는 확고하게 우리 자신을 하나님의 손에 의탁하고, 예수님의 완벽한 구속에 바탕을 둔 믿음을 근거로 중보 사역을 해야 한다.

### 사랑에 더욱 헌신하라

"예수께서 이르시되 네 마음을 다하고 목숨을 다하고 뜻을 다하여 주 너의 하나님을 사랑하라 하셨으니 이것이 크고 첫째 되는 계명이요"(마 22:37-38).

하나님을 사랑하려면 우리 안에 '하나님의 연인'이 있어야 한다. 즉, 성령이 있어야 한다. 성령께서 하나님의 사랑을 우리 마음에 부어 주셔야 우리는 그 사랑을 키워 갈 수 있다. 이 땅 위의 그 어떤 사랑도 그냥 발전하지 않는다. 우리는 우리 자신을 사랑에 헌신해야 한다. 즉, 우리의 관심이 다른 사람들을 향한 하나님의 관심과 일치되어야 한다는 뜻이다. 하나님께서는 당신과 나와 같은 재미난 사람들에게 관심을 가지신다!

'자연적인 애착'들이 당신이 사랑 안에서 행하는 것을 방해한다는 사실을 인식하라. 사랑을 없애는 가장 잔인한 방법 중 하나가 자연적인 애착으로 사랑을 멸시하는 것이다. 우리가 애착에 끌리는 것은 자연적인 것이지만, 영적으로 이러한 성향은 거부되어야 한다. 만약 당신이 이 성향을 부인한다면, 하나님께서는 전혀 자연적인 애착을 가질 수 없는 자들에게 애착을 갖게 하실 것이다.

당신에게는 당신이 그리스도인이 아니라면 상대도 하지 않았을 그 누군가가 있는가? 하나님의 사랑은 단순한 감상이 아니라 하나님께서 나를 사랑하시듯 상대를 사랑하는 것이다. 사랑의 샘은 우리 안에 있지 않고 하나님 안에 있다.

하나님의 사랑은 성령에 의해 우리 마음속에 부은 바 되었을 때에 우리 안에 있다. 그리고 그 증거는 자발적으로 그 사랑이 나타나는 것이다.

### 믿음에 더욱 힘쓰라

"예수께서 이르시되 내 말이 네가 믿으면 하나님의 영광을 보리라 하지 아니하였느냐 하시니"(요 11:40).

"나를 믿는 자는 … 그 배에서 생수의 강이 흘러나오리라"(요 7:38).

바울은 "내가 복음을 부끄러워하지 아니하노니 이 복음은 모든 믿는 자에게 구원을 주시는 하나님의 능력이 됨이라"(롬 1:16)고 말했다. 만일 우리가 나만의 신학을 만들어 교리적인 눈가리개를 쓰고 나와 동의하는 자들 가운데서만 살아간다면, 어디서 능욕이 오는지 전혀 알지 못할 것이다.

그러나 내 믿음에 무관심한 자들과 접하면 곧바로 주께서 말씀하신 "세상이 너희를 미워하느니라"(요 15:19)는 진리를 깨닫게 될 것이다. 우리가 참으로 주의 교훈의 몇 부분만 믿어도, 세상 사람들의 눈에는 웃음거리가 될 것이다. 우리가 예수님께서 가르치신 대로 믿을 수 있는 것은 모두 하나님의 은혜이다.

"내 말이 네가 믿으면 하나님의 영광을 보리라 하지 아니하였느냐"(요 11:40).

믿음을 내 생각에 따라 일종의 프로그램처럼 만들 때마다 우리는 그 프로그램과 맞지 않는 사건들을 접하게 될 것이다. 믿음은 실체가 되기 전에 반드시 시련을 거쳐 입증되어야 한다. 믿음에 힘쓸 때 우리는 간헐적으로 하나님을 보는 것이 아니라 항상 보게 될 것이다.

우리는 개인의 삶과 역사 가운데 발생하는 모든 사건의 배후에 주의 손이 있는 것을 보게 될 것이다.

당신은 다른 것들보다 더욱 믿음에 힘쓰고 있는가?

**지식을 더욱 구하라**

"사람이 하나님의 뜻을 행하려 하면 이 교훈이 하나님께로부터 왔는지 내가 스스로 말함인지 알리라"(요 7:17).

"너희가 이것을 알고 행하면 복이 있으리라"(요 13:17).

만일 당신이 참으로 예수님을 믿는다면, 배를 잔잔한 수면 위에 정박한 채 즐거움을 위해 인생의 모든 시간을 낭비하지 않을 것이다. 나 자신을 알고 또한 영적인 분별력을 얻으려면 항구의 방파제를 통과하여 깊은 바다로 들어가야 한다. 만일 당신 스스로 정박해 둔 밧줄을 끊지 않는다면, 하나님께서 폭풍을 보내 당신을 바다로 내보내실 것이다. 이제 그 든든한 밧줄을 끊고 저 위대한 폭풍의 바다로 나아가지 않겠는가?

"사람이 하나님의 뜻을 행하려 하면 … 알리라"(요 7:17).

마땅히 행해야 할 일을 할 때, 당신은 더 많은 것을 알게 될 것이다. 만일 영적으로 멈춘 부분이 있다면, 분명 해야 할 일을 뒤로 미루고 행하지 않았기 때문일 것이다. 그러면 영적인 감각과 분별력을 잃게 되고, 위기의 때에 영적으로 충만하기보다 매우 산만해질 것이다. 행하지 않는 것은 이처럼 매우 위험한 일이다.

하나님의 영이 임하여 마음이 열리면, 당신은 더 많이 알기로 작정할 것이다. 그러면서 외부 상황과 내적인 지식이 함께 하는 것을 발견하고, 순종에 의해 당신의 영적인 목표를 달성하기 시작할 것이다. 거짓 순종은 자신을 희생시킬 수 있는 경우들을 스스로 만들어 내려는 마음에서 나온다. "순종이 제사보다 낫다"(삼상 15:22)는 것은 하나님의 뜻을 분별함으로써 그분의 뜻을 성취하는 것이 자기희생이라는 위대한 행동을 하는 것보다 훨씬 더 낫다는 뜻이다.

하나님께서 당신을 새로운 관계로 이끌고자 하실 때, 과거의 지식을 의존하려 하지 말라. 그분께서 당신을 새롭게 변화시키고자 하실 때, 과거의 모습을 고집하지 말라.

# 18장

# 오직 예수 안에 거하라

"너희가 내 안에 거하고 내 말이 너희 안에 거하면 무엇이든지 원하는 대로 구하라 그리하면 이루리라"(요 15:7).

그리스도인의 모든 체험에는 속죄가 전제되어야 한다. 우리는 하나님께서 그리스도를 통해 이루신 위대한 역사 위에 믿음을 세워야 한다. 우리는 우리 자신을 구원할 수 없으며 거룩하게 할 수도 없다. 또한 죄를 속죄할 수도 없으며 이 세상을 구속(救贖)할 수도 없다. 그릇된 것을 바르게 할 수도 없으며 불결한 것을 청결하게 할 수도 없고 부정한 것을 거룩하게 만들 수도 없다. 이 모든 것은 주권자 하나님의 일이다.

하나님께서는 완벽한 속죄를 이루셨다. 그렇다면 당신은 그 속죄를 실현해나가는 습관을 지니고 있는가? 우리는 결코 믿음의 자리에 성품을 두어서는 안 된다. 그렇게 하는 것은 대단히 위험한 일이다. 우리의 성품은 하나님 앞에서 절대로 공로가 될 수 없다. 우리는 은혜를 바탕으로 하여 하나님 앞에 선다. 성품은 우리가 올바른 토대 위에 서 있다는 증거이다. 우리에게 필요한 것은 예수 그리스도의 속죄를 완벽하게 실현하는 일이다. 이때 필요한 것은 무엇을 행하는 것이 아니라 '믿는 것'이다.

"내가 어떻게 하여야 구원을 받으리이까 … 주 예수를 믿으라 그리하면 너와 네 집이 구원을 받으리라"(행 16:30-31).

## 예수님 안에 거하라

"너희가 내 안에 거하고"(요 15:7).

우리가 계속적으로 예수 안에서 행하고 생각하고 수고하면, 예수님은 우리에게 다른 일들이 발생하게 될 것이라고 말씀하신다. 즉, 우리가 열매를 맺게 될 것이라고 말씀하신다. 당신은 예수 안에 거하고 있는가? 시간을 드려 그분 안에 거하고 있는가? 당신 삶의 모든 것을 주관하는 요소는 무엇인가? 그것이 다른 사람들을 위한 수고나

봉사, 희생인가?

우리 삶 속에서 가장 큰 힘을 발휘해야 하는 것은 '속죄'여야 한다. 당신은 단 일 분이라도 주께서 이루신 속죄를 실현하고자 노력하고 있는가? 우리는 속죄를 끊임없이 삶의 모든 영역에서 실현하려는 습관을 가져야 한다. 물론 처음에는 의식적인 노력이 필요하다. 속죄의 영원한 사건을 끊임없이 실현하는 것은 바로 우리의 책임이다.

예수님은 "내 안에 거하라"고 말씀하신다. 우리가 예수님 안에 거하는 것은 우리 입장에서 절대적으로 필요한 것이다.

### 예수님의 음성에 귀기울이라

"내 말이 너희 안에 거하면"(요 15:7).

어떤 사람들은 마치 천둥이 치는 듯한 부흥집회나 예배에서만 하나님의 음성을 들을 수 있다고 생각한다. 그러나 우리는 일상에서 하나님의 음성을 듣는 법을 배워야 한다.

우리가 중요하게 여겨야 할 것은, 우리가 들인 시간의 길이가 아니라 그 시간을 통해 삶 가운데 위대한 능력을 접하는 문이 열렸는가 하는 것이다. 삶 가운데 가장 중요한 요소는, 가장 많은 시간을 들인 것이 아니라 가장 큰 영향력을 발휘한 것이다. 따라서 이른 아침, 주의 말씀을 묵상하기 위해 드린 5분이 그날의 남은 모든 시간보다 더 가치 있을 수 있다.

예수님의 말씀과 결탁되지 않은 모든 체험을 주의하라. 체험은 단지 예수 그리스도의 위대한 계시로 연결되는 문일 뿐이다.

"내가 너희에게 이른 말은 영이요 생명이라"(요 6:63).

이해가 되든 안 되든 성경을 읽으라. 그러면 성령이 특별한 상황 속에서 말씀을 기억나게 하시고 그 말씀을 살아 있게 하실 것이다. 중요한 것은 바로 그 때 당신이 그 말씀에 충성하는가 하는 것이다. 결코 기억나게 해 주신 그 말씀의 의미가 무엇인지 다른 사람에게 묻지 말라. 하나님께 직접 나아가 물으라.

당신은 예수님의 말씀을 듣는 습관을 지니고 있는가? 주의 말씀을 옷, 돈, 일 등에도 적용하고 있는가? 혹 당신 마음대로 이러한 것들을 관리할 수 있다고 생각하고 있지는 않은가? 하나님의 영은 성서의 배경으로부터 예수님의 말씀을 끄집어 내사 우리 삶의 배경에 넣어 주신다.

### 예수님께 끊임없이 간구하라

"무엇이든지 원하는 대로 구하라"(요 15:7).

이 말씀은 우리가 무엇을 기도해야 하는지에 대한 비밀을 풀어 준다. 만일 우리가 예수님 안에 거한다면, 의식을 하든 못하든 주님이 원하시는 것을 구하게 될 것이다.

"네가 원하는 것을 구하라."

즉, 네 뜻대로 구하라는 의미이다. 이 의미는 어린 자녀가 아버지와의 관계를 의식하는 것과 같다.

"구하기 전에 너희에게 있어야 할 것을 하나님 너희 아버지께서 아시느니라"(마 6:8).

만일 아버지께서 우리의 생각을 다 아신다는 사실을 깨닫는다면, 염려라는 것은 불가능해질 것이다. 두려움에 빠지는 것에 주의하라. 그것은 자연적인 마음에도 악한 것이며 영적인 삶에도 파괴적인 것이다.

"너희는 마음에 근심하지 말라"(요 14:1).

이는 명령이다. 당신은 예수님과 대화하면서 끊임없이 간구하는 습관을 지니고 있는가? 시련이 닥칠 때, 그 습관은 당신 삶의 저변에 있는 큰 힘이 무엇인지를 밝히 드러내 줄 것이다.

**오직 예수님만 알기로 작정하라**

"그리하면 이루리라"(요 15:7).

예수님은 우리가 예수 안에 거하고 그분의 말씀이 우리 안에 거하면, 하나님께서 우리 기도에 응답해 주실 것이라고 말씀하신다. 때로 당신은 이렇게 묻곤 한다.
"혹시 제가 하나님의 뜻에 부합하지 않는 것을 구하면 어떻게 되나요?"
여기서 나는 당신이 예수 안에 온전히 거할 것을 도전하고 싶다. 예수 안에 거하는 것도, 예수 안에 거하는 자가 하는 선택도 모두 하나님의 뜻이며 그분이 미리 정하신 작정이다. 이것이 신비로운가? 논리적으로 불합리한가? 그러나 이는 성도에게 영광스러운 진리이다.

"너희가 내 이름으로 무엇을 구하든지 내가 행하리니"(요 14:13).

당신은 이를 수행하고 있는가? 바울 같은 중요한 자리에 있는 자들을 위해 기도하고 있는가? 기도에는 교만, 자기도취 등에 빠질 위험이나 덫이 전혀 없다. 기도는 하나님을 영화롭게 하는 열매를 맺는 숨겨진 무명의 사역이다.

"나를 떠나서는 너희가 아무것도 할 수 없음이라"(요 15:5).

즉, "나로부터 오지 않는 그 어떤 것도 맺을 수 없다. 그러나 내 안에 거하라. 그러면 열매를 맺을 것이며 그 열매로 아버지께 영광을 돌리게 될 것이다"라는 의미이다.

주 안에 거하는 자는 "역사하는 힘이 큰 의인의 간구를 드린다" (약 5:16 참조). 당신은 예수 안에 거하기만 하면, 하나님께서 기도에 응답하신다는 사실을 끊임없이 인식하고 있는가? 속죄의 바탕 위에 믿음을 세워나가고 있는가? 혹 당신의 삶을 탕진하고 있지는 않은가? 예수 그리스도께서 당신 삶을 주관하고 계신가? 이는 당신의 시간을 소위 종교적인 일에 바치라는 의미가 아니다. 가장 많은 시간을 들여 속죄의 사건에 집중하고, 모든 일상 속에서도 그것에 집중해야 한다는 것을 의미한다.

그리스도 안에 거하지도 않으면서 "그리스도 안에 거함"이라는 '유행어'를 사용하는 자들은 불편함과 짜증을 유발시킨다. 만일 예수 그리스도의 속죄가 당신 삶에 가장 큰 영향력을 발휘하게 한다면, 당신은 모든 면에서 하나님을 위한 열매를 맺게 될 것이다. 서두르지 말고, 먼저 속죄가 당신을 위한 모든 능력의 중심점이 되고 있는지 확인하라. 동시에 사탄의 목표가 바로 그 힘의 중심점으로부터 당신을 멀어지게 하는 것임도 잊지 말라. 예수님은 세상의 염려와 정욕이 주의 말씀을 막는다고 말씀하셨다(막 4:19 참조). 또한 게으름이 하나님의 말씀을 막을 수도 있으며 바쁜 일들이 하나님과 함께 보내는 시간을 방해할 수도 있다.

"나는 시간이 없어!"

물론 당신은 시간이 없다! 이제 다른 관심들은 줄이고, 당신 삶의 힘의 중심이 예수 그리스도와 그분의 속죄임을 깨달을 수 있도록 시간을 가지라. 바울은 그의 지식을 단 한 가지로 국한시켰다.

> "내가 너희 중에서 예수 그리스도와 그가 십자가에 못 박히신 것 외에는 아무것도 알지 아니하기로 작정하였음이라"(고전 2:2).

우리는 우리의 애착을 제한하고, 모든 마음을 주께 집중하는 법을 배워야 한다.

# 19장

# 배우고 확신한 일에 거하라

"그러나 너는 배우고 확신한 일에 거하라 너는 네가 누구에게서 배운 것을 알며 또 어려서부터 성경을 알았나니 성경은 능히 너로 하여금 그리스도 예수 안에 있는 믿음으로 말미암아 구원에 이르는 지혜가 있게 하느니라"(딤후 3:14-15).

## 배운 것에 대하여

"너는 배우고 확신한 일에 거하라"(딤후 3:14).

우리가 살면서 많은 것을 배우지 못하는 이유는 각자의 한계가 있기 때문이다. 그러기에 자신이 배운 것에만 집착하기 쉽다.

우리는 종종 "하나님은 사랑이시라고 믿어"라고 말한다. 하지만 그분이 누구신지 정말로 배웠는가? 그 배움을 소화해냈는가? 우리는 진리를 알지만, 그 모든 것을 배울 수 있는 상황 가운데 있지 않았다. 수많은 것을 가르치더라도 당장 아무나 그것을 배울 수 있는 것은 아니다. 우리는 "나도 그렇게 되기를 바랍니다"라고 말하지만, 매 분 매 시간마다 원래 상태로 돌아가 버리고 만다.

체험은 우리의 확신의 토대가 될 수는 없지만, 우리 안에 거하게 될 새 생명으로 들어가는 문을 여는 수단이 될 수는 있다. 누군가는 계속 문을 열어 두지만 그 문을 통과하여 새 생명으로 들어가지는 않는다. 그러니 결코 느슨해지지 말라. 당신이 배운 것을 고수해나가라.

### 확신한 일에 대하여

"확신한 일에…"(딤후 3:14).

우리 중에 많은 사람들이 믿지만, 정작 사람들 앞에서 그 믿음을 고백하는 사람은 많지 않은 것 같다. 이는 결과적으로, 자신이 믿는 것을 아무것도 확증하지 않는다는 이야기이다.

"저는 성령을 구했지만 아무것도 확실하게 느끼지 못했습니다."

당신이 무엇을 믿고 있는지 고백하라. 그 순간 당신이 믿는 것에 대한 확신이 들 것이다. 우리는 하나님께서 하신 말씀을 두고 모험하기를 대단히 두려워한다. 고백은 다른 사람을 위해 하는 것이 아니라 나 자신을 위해 하는 것이다. 고백이란 어떠한 일에 대해 하나님을 신뢰한다는 것이며 또한 이루셨다는 주의 말씀을 믿는 것이다. 우리는 하나님 외에 다른 어떤 분도 없다고 고백함으로써 그 사실을 깨닫는다.

당신은 모든 사람 앞에서 고백의 십자가를 진 적이 있는가? 우리는 마음으로 믿을 때, 그 믿는 것을 입으로 고백해야 한다. 그러나 이렇게 하지 못하는 이유는 어떤 일로 인해 느슨해지면서 확신한 것에 머물러 있지 않기 때문이다.

**스승에 대하여**

"너는 네가 누구에게서 배운 것을 알며"(딤후 3:14).

하나님께서는 '특별한 스승들'을 우리 삶 가운데로 데려오신다. 그러면 우리는 그들을 향한 충성이 느슨해지지 않도록 주의해야 한다. 스승을 향한 충성은 매우 귀하다. 당신은 스승에게 충성하는가? 아니면 영적인 삶의 고속도로에서 새로운 사람을 만날 때마다 그들을 따라 새로운 길로 갈아타는가?

하나님께서는 주의 말씀으로 직접 가르칠 수 있도록 길을 열어 놓으셨다.

"그가 어떤 사람은 사도로, 어떤 사람은 선지자로, 어떤 사람은 복음 전하는 자로, 어떤 사람은 목사와 교사로 삼으셨으니"(엡 4:11).

하나님께서는 그분의 선생들을 세우시고, 우리는 그들에게 충성해야 한다.

**성경의 진리에 대하여**

"또 어려서부터 성경을 알았나니"(딤후 3:15).

우리를 변화시키는 것은 바로 하나님의 말씀이다. 거듭 말하지만, 하나님의 말씀과 함께 하는 5분이 남은 하루의 모든 시간보다 더 가치 있다. 당신은 '구원에 이르는 지혜'인 하나님의 음성을 듣기 위해 성경을 읽는가? 당신은 영적 문제에 있어서 하루 간신히 풀칠하는 정도로 살지 않도록 주의하라. 구걸하며 궁핍하게 살아가는 영적인 탁발 수도승이 되지 말라.

또한 신기한 것들을 주의하라. 어떤 이들은 영적으로 홀로 다니며 무분별하게 행동한다.

"오, 나는 멋진 내 길을 찾을 수 있어."

하지만 우리가 할 일은 "네 부모를 공경하라", "안식일을 거룩하게 지키라" 등 안전한 길에 서는 것이다. 하나님께서는 우리의 충성을 시험하시기 위해 적법한 오랜 교훈을 끄집어내실 것이다. 모든 신기한 것들은 결국 사라지지만, 본질적인 것들은 그대로 남아 있을 것이다.

**구원의 증거에 대하여**

> "성경은 능히 너로 하여금 그리스도 예수 안에 있는 믿음으로 말미암아 구원에 이르는 지혜가 있게 하느니라"(딤후 3:15).

예수 그리스도께서 하신 말씀을 통해 성경을 대하지 않으면, 그것은 우리에게 하나님의 말씀이 되지 않는다. 성경은 창세기부터 요한계시록까지 전부 예수 그리스도에 대한 계시이다. 성경의 맥락은 오직 주님 그분뿐이시다. 따라서 주님과 바른 관계를 맺기 전까지 성경은 다른 책들과 다를 바 없다.

우리는 지성으로 성경을 알 수 없다. 성경을 이해하는 비결은 우리의 지성이 아니라 예수 그리스도와의 인격적인 관계이다(요 5:39-40 참조). 신약은 예수 그리스도가 하나님의 아들이라는 사실을 입증하기 위해 써진 것이 아니라, 예수 그리스도가 하나님의 아들이라고 믿는 자들의 믿음을 확증해 주기 위해 써진 것이다. 성경 안에는 아무 문제가 없다.

성경 말씀은 그 내용을 고통으로 얻지 않는 한 아무것도 내 것이 되지 않는다. 가치 있는 것은 반드시 대가를 치르기 마련이다. 우리 인생은 고난을 지날 때 모든 것을 잃은 것 같지만 결코 그렇지 않다. 성경은 바로 이러한 인생처럼 우리를 거칠게 다룬다.

"주 여호와께서 … 아침마다 깨우치시되 나의 귀를 깨우치시되 학자들 같이 알아듣게 하시도다"(사 50:4).

당신은 성경을 읽을 때 말씀에 사로잡히는가? 그리스도인과 성경의 관계는 '문자'를 숭배하는 관계가 아니라 성령께서 말씀을 '영과 생명'으로 만드시도록 하는 관계이다. 거듭나면 성경은 우리에게 계시적인 사실들의 세계가 되고, 우리는 그 세계로부터 예수 그리스도의 산 지식을 받아먹게 될 것이다.

20장

# 경건을 연습하라

"그러므로 나의 사랑하는 자들아 너희가 나 있을 때뿐 아니라 더욱 지금 나 없을 때에도 항상 복종하여 두렵고 떨림으로 너희 구원을 이루라 너희 안에서 행하시는 이는 하나님이시니 자기의 기쁘신 뜻을 위하여 너희에게 소원을 두고 행하게 하시나니"(빌 2:12-13).

양심이 주님을 만나면 가장 먼저 의지를 깨우는 일을 한다. 그러면 그 의지는 언제나 하나님께 동의한다. 우리는 종종 "저는 제 뜻이 하나님의 뜻과 맞는지 알 수 없습니다"라고 말하곤 한다. 예수님을 바라보라! 그러면 당신의 뜻과 양심이 언제나 하나님과 맞는 것을 발견하게 될 것이다. 당신 안에서 "하나님, 저는 그렇게 하지 않겠습니다"라고 말하게 하는 요소는 당신의 의지보다 깊은 곳에 자리 잡고 있지 않다. 이러한 완고함은 죄의 성향의 잔재이다. 그것은 사람의 의지와 양심이 옳다고 지시하는 것에 대항하여 싸운다. 만일 당신이 삐뚤어진 자세와 완고함을 고집한다면, 결국 당신의 의지와 양심도 비정상이 될 것이다.

의지는 사람이 지음 받을 때에 필수적인 요소였다. 반면 죄는 인간에게 들어온 왜곡된 성향이다. 사람 안에 깊이 뿌리내리고 있는 것은 의지이지 죄가 아니다. 창조 당시의 인간의 본성은 죄악된 것이 아니었다. 그때의 본성을 알고 싶다면 주님을 바라보라. 완고함은 깨달음을 거부하는 '무지 덩어리'이다. 그것은 계속적으로 "왜 내가 그것을 하지 않았지"라고 말하게 한다. 완고함에 대한 유일한 치료는 '폭탄'으로 그것을 터뜨리는 것이다. 이때 폭탄은 성령께 순종하는 것이다. 성령은 예수님과 하나님 아버지가 하나이셨듯이 우리를 예수님과 하나 되게 하신다. 우리가 주님과 연합하면 우리의 인성은 올바른 자리에 서게 될 것이다.

### 하나님께서 일하시는 방법

"너희 안에서 행하시는 이는 하나님이시니"(빌 2:13).

양심은 하나님과 바른 관계를 맺기 전까지 고통과 괴로움의 원천이 된다. 그러나 거듭나면 의지와 양심이 하나님께 맞춰지면서 기쁨과 즐거움의 원천으로 변화된다. 또한 이때 하나님의 뜻은 우리의 뜻이 되고, "하나님의 선하시고 기뻐하시고 온전하신 뜻"을 숨 쉬듯 자연스럽게 이루어 나가는 삶을 살게 된다.

인간의 속성이 하나님께서 뜻하시는 바를 실제로 이루어 낼 수 있는 표준에 이르는 것이 가능할까? 하나님의 말씀은 그것이 가능하다고 말한다. 하나님께서는 우리에게 초자연적인 은혜를 주실 뿐만 아니라 우리 안에 거하시며 행하신다. 만일 당신이 하나님의 자녀라면, 하나님은 당신의 의지의 원천이 되어 주실 뿐 아니라 그분이 뜻을 깨닫게 하실 것이다.

나는 하나님의 자녀로서 그분에게 대적하는 뜻을 취하지 않는다. 그러기에 하나님의 뜻은 바로 내 뜻이 되고, 내 자연스러운 선택들은 주의 뜻을 따르게 된다. 그리고 하나님께서 주관하시는 모든 상황이 주의 뜻을 행하도록 하기 위함인 것을 이해하게 된다. 그러면 어떠한 상황에서도 낙심하거나 자기 연민에 빠지지 않게 된다.

당신은 지금 있는 그곳에서 하나님의 뜻을 행하도록 부름 받았다. 그렇다면 하나님의 뜻을 행하고 있는가? 아니면 불평만 하고 있는가?

"왜 나만 이러한 힘든 상황에 처해져야 하지?"

"왜 나만 이러한 핸디캡을 지녀야 하지?"

이는 불평이다. 오직 하나님의 뜻을 행하라. 하나님은 당신이 그분의 뜻을 행할 것을 기대하실 뿐 아니라 그 일을 행하시기 위해 당신 안에 계시다.

하나님의 뜻을 행하는 것은 결코 어렵지 않다. 오히려 어려운 것은 주님의 뜻을 행하지 않는 일이다. 자연의 섭리와 은혜의 모든 권능은 하나님의 뜻을 행하는 모든 사람을 지원한다. 그 이유는 순종할 때 하나님께서 그분의 놀라운 방법으로 우리와 함께 하시기 때문이다.

만일 어떤 사람이 하나님의 뜻을 제대로 행하는 모범이 되어 칭찬을 받는다면, 우리는 그러한 칭찬에 대해 안타까움을 느껴야 한다! 그러한 모범은 필요치 않다. 우리는 그저 하나님께서 우리 안에 거하신다는 것으로 기쁨으로 차고 넘쳐야 한다.

가장 선한 것이 있다면 그것은 하나님의 뜻이다. 하나님의 뜻은 우리 자신의 완고함과 부딪힐 때 어렵게 느껴진다. 그때 하나님의 뜻은 마치 쟁기처럼 잔인하다. 하나님은 우리와의 바른 관계를 막는 것들에 대해서는 무자비하시기 때문이다.

하나님께서 그분의 방법대로 행하시면 우리는 자유롭게 되어 그분의 생명에 들어가게 되고, 예수께서 사셨던 삶으로 들어가게 될 것이다. 그리스도인의 일관된 성품을 유지시키는 유일한 자산은, 하나님의 아들의 생명이 우리 삶 가운데 나타나는 것이다.

**경건한 자들이 일하는 방법**

"너희 구원을 이루라"(빌 2:12).

만일 당신이 경건하게 살고 있다면, 즉 하나님께서 당신 안에 넣어 주신 일을 날마다 이루어 가고 있다면, 당신은 위기가 올 때마다 자연적인 의지가 당신과 함께 서는 것을 발견하게 될 것이다. 언제나 하나님의 은혜가 함께 하지만, 이제는 당신의 본성도 당신을 돕게 되는 것이다. 그 이유는 하나님께서 당신 안에 넣어 주신 것을 이루어 내기 위해 당신의 본성을 훈련시키고 연습시켰기 때문이다. 이렇듯 우리는 훈련을 통해 두 번째 본성을 만들 수 있다. 즉, 우리는 우리의 본성을 아군으로 얻게 되는 것이다.

그러나 날마다 훈련하고 연습하지 않으면, 위기가 찾아올 때 본성 때문에 무너지고 말 것이다. 하나님께서는 우리를 위해 습관을 만들어 주시거나 우리가 해야 할 훈련을 대신 해 주지 않으신다. 하나님이 우리의 성향을 바꾸어 주시면, 그 새로운 성향을 가지고 실천하며 습관을 만들어 내는 일은 우리의 몫이다. 만일 우리가 하나님의 은혜의 큰 빛을 받았다면, 하나님께서 우리 안에 이루어 놓으신 모든 것이 우리 삶을 통해 드러날 수 있도록 수고해야 한다. 그렇지 않으면 정체될 위험이 있다.

"너희 구원을 이루라"(빌 2:12).

이는 구원을 얻기 위해 수고하라는 뜻이 아니라 하나님께서 우리 안에 이루어 놓으신 구원을 삶으로 나타내도록 수고하라는 뜻이다. 당신의 입술은 무엇을 말하는가? 당신의 귀는 무엇을 듣기 원하는가? 당신은 어떤 친구들과 함께 하기를 바라는가? 이처럼 당신 몸의 지체가 하나님께서 당신 안에 이루어 놓으신 구원을 삶으로 살아내고 있는지에 대해 알려 준다. 가장 먼저 배워야 할 교훈은, 하나님은 내면에서 일하시고 우리는 주께서 내면에 이루어 놓으신 것을 삶으로 나타내야 한다는 점이다.

복종과 내어 맡김이 필요한 부분이 바로 이 부분이다. 주께서 이루어 놓으신 내면의 일을 하려고 할 때, 우리는 하나님을 방해하곤 한다. 너무나 많은 사람들이 하나님의 사역 자리에 자신의 기도와 자신의 헌신을 둔다. 즉, 자기 스스로를 일꾼으로 만드는 것이다. 하지만 하나님만이 진정한 '일꾼'이시며 모든 영적인 부분을 맡으신다.

하나님은 우리가 할 수 없는 심오한 일들을 행하신다. 그렇다면 과연 우리는 어떠한 일을 해야 하는가? 바로 실천적인 일을 해야 한다. 하나님께서 우리 안에 이루어 놓으신 일을 집중과 관심으로 우리 삶에 계속 나타내야 한다. 우리는 자신의 구원을 수고하여 이루는 것이 아니라 이미 완성된 구원을 삶으로 드러내는 일을 해야 한다. 굳은 결의로 주 예수 그리스도의 완전하고 완벽한 구속 위에 흔들리지 않는 믿음을 세우면서 하나님께서 이루어 놓으신 것을 삶을 통해 드러내야 한다.

> 역자
> 후기

## 성도라면 '거룩'을 놓칠 수 없다

지금까지 나는 개혁주의에 속해 있으면서 철저하게 신앙고백 및 교리를 연구해왔으며 수년간 오스왈드 챔버스의 글들을 번역해서 소개해왔다. 특별히 나는 이 책을 통해 '성도라면 어떻게 성화를 이루어 가야 하는지'에 대한 놀라운 비결을 깨달았고, 또 그 비결을 전할 수 있어 참으로 기쁘다.

오스왈드 챔버스는 아주 잠시라도 그리스도의 완전하신 '거룩'을 놓치지 않으려고 애쓴 사람이다. 주의 거룩만이 성화의 원천임을 알았기 때문이다. 주의 거룩이 나의 거룩함이 되려면 그리스도의 생명이 내 안에서 역사해야 하는데, 챔버스는 바로 이 부분을 집중적으로 다루면서 설파하고 있다. 자기 자신을 부인하고 모든 삶의 영역에서 내가 아닌 주님이 사시도록 하라고 말이다! 이것이 바로 하나님께서 우리 안에 이루어 놓으신 구원을 삶으로 실현하는 것이고, 이를 위해서는 각자의 끊임없는 훈련이 필요하다. 성화에 대한 챔버스의 글은 참으로 신비하고 깊고 웅장하다. 또한 메시지 곳곳에서 주님의 말씀이 희석되지 않게 하려는 그의 간절함과 긴장감이 느껴진다.

이 책의 번역을 마치면서 나라는 부족한 사람의 마음 안에 오직 그리스도를 향한 감사와 신뢰밖에 남지 않는 것을 보았다. 그리고 내가 성도로서 행해야 할 의무가 무엇인지 더욱 분명하게 짚어 보게 되었다. 그 의무란, 내가 죽고 내 안에 계신 그리스도가 내 삶의 모든 영역에서 계속 사시도록 말씀과 기도를 통해 날마다 그리스도를 주로 모시고 순종하는 것이다. 곧 성령을 통해 그리스도와의 연합하여 거룩함에 이르는 것이다.

이 책을 통해 많은 주의 제자들이 그리스도의 온전한 분량까지 성장하고 싶은 거룩한 염원을 갖게 되기를 바란다. 복음의 능력이 성령을 통해 나타남으로써 우리 삶 가운데 예수님의 성품이 드러나 이 어두운 세상에 소금과 빛이 되기를 바란다.

스데반 황

오스왈드 챔버스 시리즈 30
**오스왈드 챔버스의 거룩과 성화**

**1판 1쇄** 2016년 9월 30일
**1판 3쇄** 2023년 9월 25일

**지은이** 오스왈드 챔버스
**옮긴이** 스데반 황
**발행인** 조애신
**편집** 이소연
**디자인** 임은미
**마케팅** 전필영, 권희정
**경영지원** 전두표

**발행처** 도서출판 토기장이
**주소** 서울시 마포구 동교로 71-1 신광빌딩 2F
**출판등록** 1998년 5월 29일 제1998-000070호
**전화** 02-3143-0400
**팩스** 0505-300-0646
**이메일** tletter77@naver.com
**인스타그램** togijangi_books_

**ISBN** 978-89-7782-364-8

• 이 책은 저작권 법에 따라 보호를 받는 저작물이므로 무단 전재와 무단 복제를 금합니다.
• 이 책의 전부 또는 일부를 이용하려면 반드시 저자와 도서출판 토기장이의 동의를 받아야 합니다.

도서출판 토기장이는 생명 있는 책만 만듭니다.
"우리는 진흙이요 주는 토기장이시니 우리는 다 주의 손으로 지으신 것이니이다" (이사야 64:8)